Para Gary + Eva

Romanos

la vida abundante
en unión con Cristo

*con cariño en el
mensaje de la
Cruz*

*Ernesto Johnson
Rom. 6:6*

*Los acompañamos
en estos días difíciles*

Sobre el Autor:

G. Ernesto Johnson con su esposa, Grace, procedentes de Winnipeg, Canadá, llegaron a Río Grande en 1954 y él ha sido profesor desde tal año. Ha servido de Decano Académico (1968-1981), Presidente (1981-1995) y Presidente Emérito hasta ahora.

Se graduó de Prairie Bible Institute, Three Hills, Canadá (1949); Universidad de Pan American Edinburg, TX (1965); M.A., Instituto de Estudios Latinoamericanos, Universidad de Texas, Austin TX (1970); Doctor en Misionología, Trinity Evangelical Divinity School, Deerfield, Illinois (1985).

Romanos
la vida abundante
en unión con Cristo

G. Ernesto Johnson

Revisión: Carlos Pulgarín

Rio Grande Bible Institute, Edinburg, Texas 78539
ISBN 978-1-4675-6792-390000

Editorial Rio Grande

Published by Editorial Rio Grande
4300 S. U.S. Highway 281
Edinburg, Texas 78539

ISBN
ISBN 978-1-4675-6792-3

Dedicatoria

Dedico este libro sobre la "Salvación tan grande"
a la memoria y ministerio del Reverendo Leonardo C. Hanes (1915-1995),
quien dedicó su vida entera a alcanzar el mundo misionero latino.

El hermano Hanes sirvió en el Seminario Bíblico Rio Grande como:
Registrador y Decano Académico 1955-1968
Presidente 1968-1981
Director de Radio esperanza 1983-1988
Asesor de Radio Esperanza 1988-1995.

Leonardo y Elena, su fiel esposa, son de esas personas que dejan huella
en todos aquellos que hemos tenido el privilegio de conocerlos.
Su fidelidad, integridad y amabilidad para con todos son características
que permanecen en nuestra memoria como un recuerdo fiel
de su amor y entrega en el servicio al Señor.

<u>Índice</u>

Leonardo y Elena Hanes

Romanos

RESEÑA DE LOS HANES

En la voluntad de Dios, siempre "buena, agradable y perfecta", tuve el privilegio de trabajar al lado de Leonardo Hanes por cuarenta años. Desde esos primeros años estrechamos una profunda amistad espiritual, en gran parte por el ministerio del Dr. F.J. Huegel, llamado el "decano" de misioneros en México; y quien sirvió como conferencista durante 1957-1968 en el Instituto Bíblico Río Grande. Leonardo y yo, desde entonces, quedamos ligados como David y Jonathan en el Mensaje de la Cruz.

Desde su llegada en 1955, nuestras dos familias vivieron tan cerca que empezó una relación espiritual sin igual, además de una linda amistad entre nuestras esposas y nuestros hijos.

Por trece años, en nuestras oficinas nos dimos el uno al otro. Serví como Decano Académico (1968-1981) bajo su tutela espiritual, cuando el hermano Hanes era nuestro Presidente. Había una profunda confianza espiritual entre nosotros, pues compartíamos de corazón el mismo mensaje. De esa manera, Dios impactó la escuela y también a los estudiantes.

En la providencia divina Leonardo tuvo una parte integra al lanzar la Escuela del Idioma para los misioneros en 1955. Después de dejar la presidencia (1981) tuvo un rol crítico ayudando a establecer las directrices espirituales de Radio Esperanza en 1981. Dirigió y asesoró ese ministerio extenso hasta su muerte.

Leonardo dejó huella profunda en la formación espiritual del Seminario Bíblico Río Grande hasta hoy día, como Abel *"muerto, aún habla por ella"*.

El 19 de agosto de 1939 Leonardo se matriculó en clases nocturnas en BIOLA, (Bible Institute of Los Ángeles) lo cual resultó en un nuevo rumbo en su vida. Se graduó con Bachillerato en teología en 1944. En esos años se enamoró de otra alumna que estudiaba con él en el mismo instituto, su nombre es Elena Regier.

Se casaron en junio de 1944. Después de cursar estudios en lingüística en Wycliffe, en Oklahoma, salieron en 1945 para Colombia, país que por esos días sufría años muy peligrosos de persecución.

Al llegar a Colombia vieron la triste condición espiritual de los indígenas motilones, en el norte de Colombia. Por ocho años, esa necesidad espiritual rigió el corazón de los dos. Vivieron entre los indígenas, pero esos años de servicio le costaron a Leonardo su salud.

Se les recomendó volver a los Estados Unidos por motivo de su salud, pero su corazón se quedó con los indígenas. Dedicó todo un año viajando por los Estados Unidos en pro del campo misionero. El Dr. Guillermo Thompson, amigo misionero de Colombia, lo invitó a ser el conferencista en español en Río Grande en marzo de 1955.

Después de buscar de todo corazón la voluntad de Dios, y a pesar del amor profundo por los motilones, pudieron con libertad del Señor responder a la invitación de unirse a Río Grande. Con la aprobación de Dios aceptó el puesto de Registrador y Decano Académico (1955).

Leonardo y Elena formaron un equipo eficaz ya que compartían el mismo llamado ya fuera en Colombia o en Río Grande. Ella era una esposa idónea. Trabajó fielmente a su lado, usando sus talentos en la música y la consejería. Fue una mujer siempre hospitalaria y atenta a las necesidades de los demás.

Dios siempre llama y forja el liderazgo para su reino. Los Hanes fueron una pareja que sirvió con distinción, lo cual nos lo revelará el Tribunal de Cristo. Estamos agradecidos con Dios por la memoria y el ministerio de estos siervos del Señor.

Romanos

AGRADECIMIENTOS

Desde el principio de la Editorial Rio Grande se ha visto la mano de Dios de manera palpable. Hace dos años (2011), por iniciativa del Presidente Larry Windle, se lanzó este nuevo ministerio del Seminario Río Grande. Hasta ahora se han publicado tres libros, además de dos esfuerzos lingüísticos, siempre teniendo en mente el bienestar del mundo cristiano latino. Se proyectan también nuevos libros y servicios a beneficio de la iglesia de habla hispana.

La Editorial Río Grande se une a los demás brazos ministeriales del Instituto Bíblico Río Grande (1946): el Seminario Bíblico Río Grande (1948), acreditado oficialmente por el Estado de Texas y el Departamento de Educación de Estados Unidos; la Escuela del idioma español (1955), Radio Esperanza (1981); Video Esperanza (1987) y Bibleville, centro de conferencias en inglés (1992). Dios ha bendecido grandemente estos esfuerzos de fe.

Estos ministerios misioneros apoyan la Declaración del Seminario: "Existimos con el propósito de desarrollar líderes Cristo-céntricos con una cosmovisión bíblica para la iglesia global".

La Editorial nació con el fin de publicar los estudios mensuales del Dr. G. Ernesto Johnson, Presidente Emérito, destinados para los muchos ex alumnos y misioneros que desde muchos años atrás han salido de este claustro educativo. El eje espiritual del Rio Grande ha sido el Mensaje de la Cruz, el creyente por fe muerto al pecado y vivo en Cristo Jesús por la morada del Espíritu Santo como dice Romanos 6-8.

En la providencia de Dios, se ha juntado un gran equipo. Podemos ver la visión e iniciativa del Presidente Windle, quien se ha encargado de los aspectos técnicos, legales y digitales de esta nueva empresa. Como parte del equipo también se encuentra el pastor Carlos Pulgarín, periodista colombiano radicado en Canadá y antiguo alumno del Dr. Johnson. De esta manera, presentamos al lector la bondad de Dios a través de la Editorial Río Grande.

Los primeros libros publicados con el Mensaje de la Cruz son: **'Retos Desde la Cruz'**, **'Liderazgo desde la Cruz'**, **'Gálatas, la epístola del Espíritu Santo y la Cruz'**. Ahora sale a la luz este nuevo título: **'Romanos, la vida abundante en unión con Cristo'**.

A Dios mismo, y a cada uno de nuestros amados lectores, dedicamos estas preciosas verdades.

PERFIL DE CARLOS PULGARÍN

Pasión por Dios, pasión por las almas

El pastor Carlos Pulgarín conoció a Jesucristo en Barranquilla, Colombia (1991), mientras estudiaba Comunicación Social y Periodismo, en la Universidad Autónoma del Caribe. Sus primeros años de vida cristiana fueron de muchos altos y bajos. Pero como dice el salmista: el Señor --a pesar de todas las pruebas-- estaba cumpliendo su propósito en él.

Trabajó como periodista en diferentes países de Latinoamérica por más de una década. Obligado por la violencia dejó su querida Colombia, y Dios en sus planes lo trajo a Vancouver, Canadá, en diciembre de 2002. Desde la primera semana que llegó a este país, comenzó a congregarse en el Tabernáculo Bíblico Bautista El Redentor.

El pastor Carlos pasó de ser maestro de escuela dominical, director del periódico La Palabra, productor y presentador de Radio Bautista hasta llegar a trabajar como asistente general de esa iglesia.

En enero de 2007 viajó a Texas, Estados Unidos, para estudiar Biblia y Teología en Rio Grande Bible Institute. En julio de 2008 fue ordenado como pastor en El Redentor, en Vancouver, y ese mismo mes regresó a Texas para ser instalado como pastor en la Primera Iglesia Bautista de McAllen.

Durante su tiempo como pastor en McAllen amplió y empujó la visión misionera de la Primera Iglesia Bautista, al tiempo que estudiaba un máster en Teología Práctica, en el Edinburg Theological Seminary. En Texas trabajó como colaborador de Radio Esperanza por casi cuatro años.

En enero del 2011, el pastor Carlos Pulgarín regresó de nuevo a Vancouver para trabajar como co-pastor de El Redentor, desarrollando su ministerio con un énfasis especial en alcance y tendiendo puentes entre la iglesia y la comunidad.

Pero en diciembre del 2011 el Señor lo llamó a trabajar en una visión diferente, Dios lo guió a plantar una iglesia en Surrey, BC. La nueva obra comenzó un viernes en el calor de un hogar con el apoyo de tres familias. Un año después el grupo ha crecido a más de 100 personas. Hoy Zona Cero se perfila como una de las iglesias hispanas en Canadá con más rápido crecimiento. Zona Cero es una iglesia con pasión por las almas. Es una iglesia para los que no van a la iglesia.

La familia del pastor Carlos Pulgarín ha sido fundamental en el desarrollo del ministerio al que Dios lo ha llamado como pastor y maestro. Su esposa, la doctora Ana Esther Guerrero, y sus hijos, Jacob y Aarón, son un equipo fiel y comprometido que le ha respaldado en todo tiempo.

Capítulo 1

Romanos — la vida abundante en unión con Cristo
Perspectiva panorámica
Romanos 1-8

En tiempos de tanta escasez espiritual y moral, cuánta falta nos hace una buena provisión de Verdad abundante. Fue el mismo señor Jesucristo quien declaró claramente que él es la fuente que puede saciar esa necesidad, cuando dijo: *"Yo he venido para que tengan vida, y para que la tengan en abundancia"* (Juan 10:10). El Apóstol Pablo en Romanos nos traza el camino que nos llevará a disfrutar de esa vida abundante.

Al empezar este estudio exegético y práctico es bueno recordar que el tema del evangelio en Romanos es vasto y profundo. Y aunque no tengo todas las herramientas necesarias para sondear sus verdades libertadoras, dependo en todo del Espíritu Santo para que me dé iluminación, de modo que este esfuerzo glorifique a Dios y edifique la vida del lector.

Lo que voy a compartir es el fruto de casi 60 años de meditación y enseñanza llevada a cabo en 16 países de América Latina, en Canadá, EEUU y Rusia. Habiendo sido profesor del Seminario Bíblico Río Grande por 56 años, estas verdades las he enseñado muchísimas veces y me han consumido de tal manera que no puedo menos que decir que han forjado mi corazón. Pero todo aquello no vale nada sin la iluminación del Espíritu Santo y una vida de fe y obediencia. Dios me conceda mi petición.

Ya que el evangelio de Dios —que es el tema en Romanos— es tan vasto y profundo, este estudio estará enfocado hacia una meta más específica: examinar muy a fondo sólo los capítulos del 5 al 8 de Romanos, dedicados al evangelio, la buena nueva en Cristo. Propongo hacerlo de la siguiente manera:

1.) la condenación del incrédulo　　　　Romanos 1:18-3:20
2.) la justificación del creyente　　　　Romanos 3:21-4:25
3.) la santificación la unión nuestra con Cristo Romanos 5:1-8:39

No voy a tratar de hacer una exégesis verso por verso; más bien intentaré examinar los conceptos teológicos básicos y desarrollar una aplicación práctica a la vida del creyente. Por medio de este estudio, quiero llamar principalmente la atención de los pastores y de los futuros líderes espirituales de modo que sepan darles de comer del manjar espiritual a los suyos.

Habrá un énfasis fuerte en la manera como Espíritu Santo realiza nuestra unión con Cristo. El enfoque es precisamente el tema de nuestra unión, siendo injertados nosotros en él, muertos al pecado y a la ley y vivos para Dios en Cristo Jesús. Oro a Dios para que seas fiel en perseguir estas gloriosas verdades.

El Mensaje de la Cruz, la cumbre de la intervención divina

Pablo les escribió a los corintios: *"Porque la palabra de la cruz es locura a los que se pierden; pero a los que se salvan, esto es, a nosotros, es poder de Dios... Porque los judíos piden señales, y los griegos buscan sabiduría; pero nosotros **predicamos a Cristo crucificado**, para los judíos ciertamente tropezadero, y para los gentiles locura; mas para los llamados, así judíos como griegos, Cristo poder de Dios, y sabiduría de Dios"* (1 Corintios 1:18, 22-24).

Pablo, en sus epístolas, aplica este Mensaje de la Cruz a la necesidad particular de cada iglesia local, sea la de la ligera división (Filipenses), la de herejía, orgullo, falsa doctrina (Corinto), la del legalismo (Gálatas), la de ascetismo y judaísmo (Colosenses) y la de las bases de las iglesias locales (Cartas Pastorales), entre otras. Pero en cambio en la epístola a los Romanos nos da de manera serena una **definición, una descripción y una aplicación del evangelio** en su plenitud. Nos lleva de la condenación a causa de los pecados a la justificación por medio de la propiciación y a través de la santificación hasta la glorificación. Muestra de manera sobresaliente la gracia de Dios, la sublime redención en Cristo que nos lleva a la profunda unidad con el Crucificado y resucitado Hijo de Dios. Por fin en Romanos 1-8 el Mensaje de la Cruz redundará para la gloria de la gracia de Dios en Cristo Jesús.

La urgente necesidad de oír el Mensaje de la Cruz en nuestras iglesias latinoamericanas

En mis viajes por América Latina desde 1969, y en mis años en el Seminario Bíblico Rio Grande, he observado que el evangelismo se ha destacado en gran manera resultando en muchas iglesias que brotan por muchas partes. Esto es bueno. Pero el discipulado o la enseñanza básica de la riqueza de la vida en unión con Cristo no se ha predicado con el mismo fervor ni hondura. Cuando se oye, repercute en gran bendición a las almas, pero escasamente se oye.

Llamo a este tema el *Mensaje de la Cruz*, que en breve es: *"Cristo en vosotros, esperanza de gloria"* (Colosenses 1:27). *"Ya no vivo yo, mas Cristo vive en mí"* (Gálatas 2:20). Al hablar de este tema incluyo, por supuesto, los dos grandes elementos: el primero es la muerte vicaria de Cristo, o sea **Cristo por nosotros**; y el segundo es **Cristo en mí y yo en él**.

En el primer elemento, **Cristo por nosotros**, vemos que él es nuestro sustituto, quien murió en nuestro lugar, justificándonos de todos nuestros pecados.

Ante todo debe quedar claro que él es el fundamento. *"Porque nadie puede poner otro fundamento que el que está puesto, el cual es Jesucristo"* (1 Corintios 3:11). Pero un fundamento puesto sin ser sobreedificado no lleva a cabo el gran propósito de Dios. *"En quien* (Cristo) *todo el edificio, bien coordinado, va creciendo para ser un templo santo en el Señor; en quien vosotros también sois juntamente edificados para morada de Dios en el Espíritu"* (Efesios 2:21, 22).

El segundo elemento básico, **Cristo en mí y yo en él**, lo que dice de manera resumida es: lo que le pasó a Cristo en la Cruz me ocurrió a mí de igual manera. *"Porque en cuanto murió,* (Cristo) *al pecado murió una vez por todas; mas en cuanto vive, para Dios vive"* (Romanos 6:10). Y **"los que hemos muerto al** *pecado, ¿cómo viviremos aún en él?"* (Romanos 6:1-2).

Mi mentor, el Dr. F. J. Huegel, el decano de los misioneros a México (1920-1970), solía decir, *"Romanos 6 es el evangelio para los evangélicos"*. Éste es el énfasis que quiero hacer en estos estudios. A través de los años de ministerio, he sentido esta carga tanto por los hermanos en inglés como en español. El Mensaje de la Cruz me ha sostenido en tiempos placenteros y difíciles. Te dará a ti el mismo sustento y fruto para su gloria. ¡Dios me conceda este honor!

El trasfondo de Romanos

El obispo H.C.G. Moule, famoso catedrático de la Universidad de Cambridge y exégeta por excelencia de griego de las epístolas paulinas, sugiere lo siguiente: "Fue en el mes de febrero en el año de nuestro Señor 58 estando en la casa de Gayo en Corinto teniendo a su lado el amanuense, Tercio, se dirige a los convertidos de la misión en Roma"[1] (Romanos 16:22, 23).

Entre varios planes, Pablo quería dentro de poco ir a Jerusalén llevando la ayuda económica a los pobres de Jerusalén. Además

---

[1] Handley C. G. Moule, The Epistle for the Romans, (London: Pickering & Inglis Ltd), Sixth Impression, 1893 (?), p.1 (traducción del autor)

había expresado su deseo, en la voluntad de Dios, de ir a Roma (Hechos 19:21). Sin duda pensaba en Aquila y Priscila, sus amigos quienes estaban en Roma y muchos otros amigos a quienes les iba a saludar en el último capítulo 16, unos 25 amigos en total, además de los de varias casas en donde se reunían los hermanos.

Semejanzas entre Gálatas y Romanos (escritas al mismo tiempo)

En la providencia de Dios durante su estadía de tres meses en Corinto, Pablo escribió su apasionada carta a los Gálatas, quienes sufrían la traición de los judaizantes. Ya que llevaba en su corazón las dos cargas—el temor por los Gálatas, sus hijos en la fe, y ahora el plan de ir a Roma-- se puede identificar la gran semejanza entre estos dos libros.

En Gálatas se trata del papel de la ley, la verdadera razón de la ley y la tergiversación de ella por parte de los judaizantes (véase Romanos 1-8). Siendo Pablo judío, antes fariseo, pero ahora esclavo de Cristo, sin duda tenía carga por presentar el plan divino a los suyos (Romanos 9-11). Pablo desarrolla estos temas con serenidad y calma en Romanos.

El apóstol quiere destacar la gracia de Dios y lo hace magisterialmente tanto en Romanos como en Gálatas, sólo que en Romanos lo desarrolla sin el problema urgente de los judaizantes. En esta epístola, la ley tiene como propósito principal revelar el pecado en el hombre, con el fin de dirigir al pecador a Cristo (Romanos 3:1-20, 21-26). Pero la ley no sirve para santificar al creyente. Por lo tanto, una vez se muere al viejo hombre (6:1-16) y a la ley (7:4,5), el Espíritu Santo produce la verdadera justicia de Dios que es en Cristo (8:1-4).

Además, Pablo se refiere al plan de Dios para los judíos, el mismo pueblo del apóstol, cuando dice: *"al judío primeramente y también al griego"*. Desarrolla, también, el gran misterio de la promesa a los hijos de Abraham, el remanente es puesto a un lado para injertar al gentil. Finalmente el judío, el remanente santo, es instaurado con el gentil en el reino mesiánico de Cristo (Romanos 9-11). Después de tratar a fondo la esencia de la vida unida a Cristo en muerte al pecado, a la ley y vivida para Dios por el Espíritu Santo (Romanos. 5-8), Pablo se dirige a los aspectos prácticos de la vida cristiana que fluyen por la gracia de Cristo y que son formados en el creyente unido a él (Romanos 12-15).

La salutación de Romanos (Romanos 1:1-7)

Bajo la inspiración plenaria y verbal, Pablo se dirige a esta iglesia a la cual no había visitado nunca. Pero anticipaba la realización de su deseo de pasar por Roma en camino a España en otro viaje misionero. *"Pero ahora, no teniendo más campo en estas regiones, y deseando desde hace muchos años ir a vosotros, cuando vaya a España, iré a vosotros; porque espero veros al pasar, y ser encaminado allá por vosotros, una vez que haya gozado de vosotros"* (15:23, 24). Sin duda alguna, Pablo se daba cuenta de la creciente importancia de las iglesias en la capital del mundo de la época y quería dar cuenta de su apostolado y su mensaje. Aquí podemos ver el porqué de la carta.

La manera de presentarse es muy paulina. Destaca su posición humilde y exalta la dignidad de su llamado y el objetivo de todos sus esfuerzos en una sola oración: *"Pablo, siervo de Jesucristo, llamado a ser apóstol, apartado para el evangelio de Dios"* (1:1). Hoy en día nos cuesta apreciar el *rol* del esclavo. Realmente no se puede decir "rol" porque el esclavo era únicamente vasallo, cosa por venderse y comprarse. Sin embargo, la idea es la de alguien totalmente puesto a la orden del patrón. No existía la posibilidad de que tomara decisiones propias, ni considerar nada ajeno a la voluntad de su señor.

Pablo se gloría de esta aceptación voluntaria que le motiva en su ministerio. Este mismo concepto me agarró a mí en mi adolescencia teniendo yo sólo 14 años. Dios me dio este reto: *"¿O ignoráis que vuestro cuerpo es templo del Espíritu Santo, el cual está en vosotros, el cual tenéis de Dios, y que no sois vuestros? Porque habéis sido comprados por precio; glorificad, pues, a Dios en vuestro cuerpo y en vuestro espíritu, los cuales son de Dios"* (1 Corintios 6:19, 20).

Pablo hace referencia a su mensaje y su apostolado. Primero les afirma que su mensaje no es novedoso; lejos de ser algo nuevo tiene su origen en todos los profetas del Antiguo Testamento (1:2). Hay continuidad; no lanza un nuevo mensaje. De esa manera afirma la autoridad y la relevancia del Antiguo Testamento. Como antiguo fariseo que tenía en muy alta estima a los profetas vuelve a hacer hincapié que su confianza está en las Sagradas Escrituras.

Pone muy en claro que además del mensaje de los profetas, en segundo lugar su mensaje es netamente Cristocéntrico: *"acera de su Hijo, nuestro Señor Jesucristo, que era del linaje de David según la carne, que fue declarado* (designado, definido) *Hijo de Dios con poder, según el Espíritu de santidad, por la resurrección de entre los muertos"* (1:3, 4). En breves palabras afirma firmemente la humanidad de Jesús—del linaje de David— y luego declara su deidad cuando nos dice que el Padre lo levantó de entre los muertos.

De ese trasfondo certificado por el Antiguo Testamento y el reciente mensaje apostólico, él mismo ha recibido la autorización legítima como el apóstol a los gentiles *"para la obediencia a la fe en todas las naciones por amor de su nombre"* (1:5; 16:26). Con esa certidumbre Pablo se dirige a los desconocidos romanos, quienes también están llamados a ser santos.

Es importante notar el énfasis sobre la santidad: primero según el Espíritu de santidad, amados de Dios, llamados a ser santos. En Romanos su énfasis caerá sobre la santidad de Dios. En el evangelio Dios los declara justos (justificación) y en su unión con Cristo en muerte al pecado y a la ley los hará santos, Dios hace plena provisión tanto para *su nueva posición legal* ante el Juez como *su presente condición moral* de la santidad diaria.

La ocasión anticipada para la próxima visita (Romanos 1:8-15)

Alcanzamos a vislumbrar el corazón del Apóstol. Pablo es muy bueno en desvelar su pasión por los hermanos, aun los no conocidos. Tiene un corazón muy pastoral. Con una buena palabra de ánimo y gratitud, les asegura de sus intercesiones a su favor, no de pura rutina sino de profundo amor en Cristo.

Pablo planeaba viajar a ellos, pero a pesar de haberlo intentado en muchas ocasiones no le había resultado posible. A pesar de que no todos sus planes se realizan se da cuenta de que la voluntad de Dios sólo vale y se acomoda a lo que el Señor permite con un buen espíritu de resignación *"Pero no quiero, hermanos, que ignoréis que muchas veces me he propuesto ir a vosotros (pero hasta ahora he sido estorbado), para tener también entre vosotros algún fruto, como entre los demás gentiles"* (1:13). Véanse también: Hechos 16:6-10; 1 Tesalonicenses 2:17, 18.

La motivación de Pablo al querer visitarlos es la de impartir algún don (carisma o gracia) espiritual a fin de confirmar su fe. Les escribe con el mismo desinteresado espíritu, no buscando lo suyo sino lo de Cristo (Filipenses 2:1-4). De ninguna manera se veía como si fuese algún portador automático de bendición sino, más bien, como un partícipe con ellos en ese espíritu de mutualidad espiritual. No hay orgullo "espiritual" de ninguna manera. ¡Qué humildad! ¡Qué mansedumbre—evidencia del Cristo formado en Pablo!

Termina el párrafo con una consagración entera y un compromiso total al evangelio: *"A griegos y a no griegos, a sabios y a no sabios soy deudor. Así que, en cuanto a mí, pronto estoy a anunciaros el evangelio también a vosotros que estáis en Roma"* (1:14,15).

Otra gran bendición del estudio de nuestra unión con Cristo es el ejemplo de Pablo mismo. Al final de su vida escribiendo a Timoteo dijo: *"Pero por esto fui recibido a misericordia, para que Jesucristo mostrase en mí el primero toda su clemencia, para ejemplo de los que habrían de creer en él para vida eterna"* (1 Timoteo 1:16). También escribiendo a los mismos romanos dice: *"Verdad digo en Cristo, no miento, y mi conciencia me da testimonio en el Espíritu Santo, que tengo gran tristeza y continuo dolor en mi corazón, porque deseara yo mismo ser anatema, separado de Cristo por amor a mis hermanos, lo que son mis parientes según la carne"* (9:1-3).

Jamás se ha visto tanta consagración y entrega—fruto de la madurez de Pablo llevada a cabo por el Mensaje de la Cruz. Esto lo examinaremos con la ayuda del Espíritu Santo. Acompáñenos en estos estudios y reciba la bendición. ¡A Dios sea la gloria!

Capítulo 2

La justicia de Dios está disponible a pesar de nuestro mal
Romanos 1:16, 17

Pablo, el apóstol de la Cruz a los gentiles, da principio a la tarea suprema de su vida apostólica, el desenvolvimiento de la grandeza de la misericordia de Dios quien ofrece al ser humano, ya caído, la mayor oferta de Dios mismo. Romanos es —a criterio de todos los teólogos— la obra maestra de este gran siervo del Señor.

En Romanos, el apóstol traza una ruta que va desde la condenación justa de Adán, nuestro primer padre, hasta la glorificación del creyente unido a Cristo. Este espectro divino de la gracia de Dios para la miseria humana tiene que ser la tarea más trascendental del Dios trino. ¡No puede haber tema más sublime!

El tratamiento que se dará a este estudio de Romanos hará énfasis en los detalles teológicos, pues el texto bíblico merece todo nuestro esmero. Desde 1955 he sido profesor de esta materia, tanto en inglés como en español, en el Seminario Bíblico Río Grande. Por eso no puedo menos que compartir lo que Dios me ha dado y lo que he venido leyendo de otros mayores que yo. Espero que leas y vuelvas a leer el texto sagrado. Vamos a profundizar el gran porqué y el cómo de la muerte de Cristo. Mi oración es que Dios te ilumine y te aplique estas gloriosas verdades.

Con buena razón el Espíritu Santo a través de la iglesia del primer siglo puso el libro a los Romanos en la posición de mayor honor, primero en las epístolas del Nuevo Testamento. Bien merece tal preeminencia porque es el trato más profundo, más completo y más práctico, abriéndonos el mismo corazón del Dios Trino.

Con razón termina la primera división de Romanos con la más sublime doxología de la Biblia. Las palabras humanas no alcanzan para sondear la sabiduría de Dios: *"¡Oh profundidad de las riquezas de la sabiduría y de la ciencia de Dios! ¡Cuán insondables son sus juicios, e inescrutables sus caminos! Porque ¿quién entendió la mente del Señor? ¿O quién fue su consejero? ¿O quién le dio a él primero, para que le fuese recompensado? Porque de él (origen), y por él (medio), y para él (propósito y fin) son todas las cosas. A él (destino) sea la gloria por los siglos. Amén"* (Romanos 11:33-36).

La esencia del evangelio: la gracia de Dios y el creer y el andar por fe (Romanos 1:16-17)

En estos dos versículos tan compactos, Pablo resume toda la trayectoria de la salvación presentada en detalle en Romanos 1-8 y más allá en el resto del libro inspirado.

Pablo expresa en Romanos 1:16, 17:

Su profunda confianza—no me avergüenzo del **evangelio.**

Su razón de la confianza—el **poder** transformador de Dios.

Su concepto del resultado de la confianza—una **salvación** plena y completa.

El alcance de esa confianza—al **judío primero** y también al griego.

El porqué de su confianza—la demostración de la misma **justicia** de Dios.

El qué de su confianza—**se va revelando** abiertamente a todo tiempo.

El medio de confianza—**por fe y para fe,** el único medio para la gracia.

La base de su confianza—la sólida base objetiva de las **Sagradas Escrituras.**

La realización de su confianza—**"el justo por la fe vivirá"** testimonio del Antiguo Pacto.

En unas cuantas palabras, Dios revela a través de su apóstol el vasto panorama de la salvación desde la caída de Adán hasta la glorificación de los hijos de Dios, *"herederos con Dios y coherederos con Cristo"* (Romanos 8:17). No tan sólo cancela el mal de la caída del primer hombre por no haber creído a Dios sino que también lo exalta hasta ser heredero de Dios mismo y coheredero con Cristo. Éste es el triunfo de la Cruz, el medio que Dios usó para la magna gloria de su nombre.

A veces oímos la pregunta: ¿Por qué permitió Dios que el hombre, el ápice de su creación, pecase y perdiese su futuro? La respuesta es que Dios tenía en mente un futuro mucho más glorioso para su creación creedora. Al final de cuentas tal plan divino resultaría en la máxima gloria de su gracia. Alcanzamos a ver sólo una vislumbre de la grandeza de la gracia y el amor de Dios. Nuestra mente finita y limitada no alcanza a entender la excelsa gloria del Dios Trino.

Se debe tomar muy en cuenta el tiempo de los verbos en estos dos versículos. Pablo no habla en términos del pasado o el futuro sino en el presente, el eterno presente. Dios no existe en tiempo; por eso la salvación desde Génesis hasta Apocalipsis es la misma salvación.

Es cierto que Dios viene revelando a través del tiempo su sublime y santo carácter y el profundo mal nuestro. Pero si el primer pecado fue la incredulidad, la salvación viene por la fe en el carácter santo y amoroso de Dios. Dios está siempre a la orden de los que se acercan a él atraídos por el Espíritu Santo. En Romanos 1:16, 17 el único verbo que aparece es el futuro: *"el justo por la fe vivirá"*. Pero en griego el futuro es una proyección del presente a su lógico fin.

Dos atributos divinos muy importantes para comprender la salvación: el amor y la santidad

Entre los muchos atributos de Dios hay dos que se destacan por encima de los demás, *su santidad y su amor.* Es imposible comprender los tratos divinos sin tomar en cuenta de igual manera estos dos atributos que rigen en todo lo que es y hace Dios. No se puede decir que uno es mayor que el otro. Ni puede haber ningún conflicto entre ellos.

La revelación magna de los dos atributos tomó lugar en la Cruz; Dios motivado por el amor envió a su propio Hijo en sacrificio por el pecado, satisfaciendo eternamente su santidad expresada en la ley. Juan, el apóstol del amor, dijo: *"En esto hemos conocido el amor, en que él puso su vida por nosotros"* (1 Juan 3:16). La Cruz es el cenit de la gloria de Dios. Los demás atributos proveen el trasfondo de su persona.

No nos es posible empezar a comprender el amor de Dios debido a que nuestro horizonte, en cuanto al verdadero significado del amor, es muy limitado. Lo vemos como si fuera sólo un sentimiento y nada más. Pero Dios es Espíritu (Juan 4:24); Dios es amor (1 Juan 4:8). Todo lo que hace y planea es motivado por y para el bienestar de los suyos. *"El que no escatimó ni a su propio Hijo, sino que lo entregó por todos nosotros, ¿cómo no nos dará también con él todas las cosas?"*(Romanos 8:32).

La santidad de Dios manifestada en la justicia choca con el pecado del ser humano

Si la esencia de Dios Padre es amor, y sí que lo es, ¿qué pudo haber sido tan inimaginablemente malo para que tuviera que enviar a su único hijo amado como el precio exigido para salvar al inmerecido pecador? Se explica en su inestimable amor para con los suyos pero a costo de un precio inimaginable.

Dios no pudo haberse equivocado por haber mandado a su Hijo a tal muerte. Debería haber sido la única manera de mostrar su amor a tan gran costo personal. En breve, fue el pecado tuyo y el mío, no del arcángel Lucifer, pues a él Dios nunca lo quiso salvar. *"Mas Dios muestra su amor para con nosotros, en que siendo aún pecadores, Cristo murió por nosotros"* (5:8).

La razón que puede explicar el alto precio que Dios mismo pagó para salvarnos no puede ser otra que la demanda justa que su santidad exigía. *"Muy limpio eres de ojos para ver el mal, ni puedes ver el agravio"*, dice Habacuc 1:13.

La justicia es la santidad de Dios en acción; toma la forma de la ira santa de Dios. *"Porque la ira de Dios se revela desde el cielo contra toda impiedad e injusticia de los hombres que detienen con injusticia la verdad"* (1:18). Esta santidad quedó cristalizada en la ley de Moisés. Pero aun antes de la ley el concepto irrevocable de su santidad vino expresado en la única prohibición dada a Adán: *"Y mandó Jehová Dios al hombre, diciendo: De todo árbol del huerto podrás comer; mas del árbol de la ciencia del bien y del mal, no comerás; porque el día que de él comieres, ciertamente morirás"* (Génesis 2:16, 17).

¿Cómo resolvió este choque moral el juez justo?

La santidad se expresa en la justicia manifestada hacia las relaciones que tiene Dios con los seres humanos. Perdonar al impío parece que habría sido una barrera imposible de su superar. Dios había dicho en Éxodo 23:7 con toda claridad y autoridad: *"De palabra de mentira te alejarás, y no matarás al inocente y justo; porque **yo no justificaré al impío"**. Pero para salvar al impío Dios tendría que hacer precisamente tal cosa imposible: *"Mas al que no obra, sino cree en aquel que **justifica al impío,** su fe le es contada por justicia"* (4:5).

Marcos 8:31 declara abiertamente: *"Y comenzó a enseñarles que **le era necesario** al Hijo del Hombre padecer mucho, y ser desechado por los ancianos, por los principales sacerdotes, y por los escribas, y ser muerto, y resucitar después de tres días"*. El amor de Dios en conflicto con el pecado le exigió nada menos que la muerte de su Hijo en nuestro lugar.

La resolución justa de este aparente dilema es que Dios, el juez justo, halló la manera justa de pagar tan grande precio por el pecado nuestro, y lo hizo enviando a su amado Hijo. Su muerte en la cruz satisfizo eternamente la justicia y la santidad de Dios manifestadas en la ley divina. Su santidad en acción en tal justicia pudo guardar así la santidad expresada en la ley y a la vez él tomó sobre sí la pena que merecíamos.

Este gran designio de Dios en salvarnos eternamente ahora viene definido como *la justicia de Dios* en el evangelio. Esta justica de Dios nos garantiza una nueva posición legal ante el Juez, declarados tan justos como su amado Hijo. Ésta es la justificación que será descubierta en Romanos 3:21-31.

La justica de Dios es nuestra nueva posición ante el Dios justo

Ésta es la segunda definición de la justicia de Dios. La primera definición era el atributo mismo que toma la forma de la ira de Dios ante el pecado; la segunda definición revela que el plan divino fue elaborado de tal manera que la santidad de Dios nunca podría ser perjudicada. En la interpretación de Romanos veremos vez tras vez la segunda definición como la esencia de la buena nueva. La primera definición —es decir la ira de Dios— nunca hubiese sido la buena noticia sino más bien la peor para el pecador.

Por lo tanto la justicia, el atributo, siendo una expresión de su santidad quedó satisfecha y en pie y preservada sin cualquier nube de duda gracias a la muerte vicaria de Jesús bajo el plan eterno de Dios. En resumidas cuentas, Pablo declara que en nuestra salvación tanto la justicia de Dios como el amor de Dios quedan vindicados por la muerte de Cristo con base en la fe.

De esa manera, Dios declara justo al culpable que cree o *el impío que cree* en su divino sustituto. Ésta es la buena noticia de la cual Pablo se jacta en Romanos 1:17: *"Porque en el evangelio la justicia de Dios* —esta **nueva posición jurídica ante el juez** *justo*— *se revela por fe y para fe, como está escrito: Mas el justo por la fe vivirá"*.

El salmista lo expresó perfectamente: *"La misericordia y la verdad se encontraron; la justicia y la paz se besaron. La verdad brotará de la tierra, y justicia mirará desde los cielos. Jehová dará también el bien, y nuestra tierra dará su fruto. La justicia irá delante de él, y sus pasos nos pondrá por camino"* (Salmo 85:10-13).

El segundo elemento principal de la salvación es la fe en el sustituto divino

El primer elemento es la maravillosa gracia de Dios hallando la manera de salvar al *"impío que cree"*, sin ser perjudicada en nada la santidad divina. El segundo elemento tan inesperado es que todo esto está disponible con base en la pura fe. Después de la fuerte condenación que veremos en Romanos1:18-3:20 no puede haber nada de nuestras obras. Pablo nos da la respuesta en Romanos 4:16: *"Por tanto, es por fe para que sea por gracia a fin de que la promesa sea firme..."*

Pablo destaca tres veces en Romanos 1:16, 17 el elemento de la fe: *1.) para salvación a toda aquel que* ***cree;*** *2.) la justicia de Dios se revela* ***por fe y para fe;*** *3.) mas el justo por* **la fe** *vivirá.* ¿Qué puede ser más claro que esto? Sólo por la fe se recibe la gracia de Dios tanto en la justificación como en la santificación. La única otra opción lógica sería por nuestros méritos y no los tenemos nunca.

¿Qué es la fe, si es tan crucial?

No es fácil abarcar la fe redentora. Pablo dedicará todo el capítulo de Romanos 4 a tal tema. Pero la fe abarca el aspecto intelectual— **conocimiento** de la verdad, cierta base bíblica que es totalmente Cristocéntrica—, el aspecto emotivo —**la confianza** en la persona de Cristo— y, finalmente, lo más importante el aspecto volitivo —**compromiso** o una entrega basada en la Palabra de Dios y su mismo carácter de ser fiel.

Estos aspectos involucran todo lo que es la verdadera fe salvadora. No es difícil cuando el Espíritu Santo hace su obra. Es él mismo quien produce la fe y respondemos a su iniciativa. Me gusta describir la fe, no definirla, podemos decir que es **la respuesta humana ante la iniciativa divina.** En la fe no hay mérito alguno; al contrario es nuestro sí, nuestro Amén. Es un no puedo, pero yo sé que tú sí puedes y, por lo tanto, tomo lo ofrecido y doy gracias.

Surge una pregunta, ¿por qué no habla Pablo en Romanos 1-8 del arrepentimiento? La respuesta es: sí está incluido el arrepentimiento, pero está implícito en la fe salvífica. Después de la denuncia tan devastadora del pecado del ser humano, no alcanza el pecador a arrepentirse por su propio esfuerzo. Pero tan bondadoso es Dios en dar un don tan inefable; sólo la fe que se origina en Dios puede llevarnos a decir Amén. Lo anterior no implica que el ser humano sea pasivo.

El ser humano es salvable en el plan de Dios. En su total depravación no puede ni hace nada menos que recibir la oferta genuina de la mano de Dios. Pero tiene que ser un recibimiento de mente, alma y espíritu bajo la capacidad dada en gracia por el Espíritu a través de la Palabra de Dios. De esta manera, toda la honra y la gloria es dada a Dios y el ser humano nace de nuevo sólo por gracia de Dios. Con toda razón Pablo dice: *"No me avergüenzo del evangelio".*

Puntos por ponderar

1.   **El amor y la santidad**, como atributos divinos, se complementan perfectamente en el plan salvífico.

2.   Antes de que Dios nos pudiera salvar, su justicia tuvo que ser satisfecha por el pago del rescate exigido por la misma santidad de Dios expresada en la ley.

3.   Ya satisfecho Dios por la muerte de su amado Hijo, está en plena libertad de mostrarnos su gran amor por salvarnos y dar la oferta genuina de la justificación y **también la santificación.**

4.   Esta salvación tuvo que originarse en Dios Trino llevada a cabo por el Hijo y aplicada por El Espíritu Santo.

5.   Todo esto se recibe por pura fe y será motivo de nuestra gratitud eterna.

Capítulo 3

La denuncia terrible de nuestro mal
Romanos 1:18-32

En Romanos 1:16,17 Pablo acaba de llevarnos en síntesis a la magnificencia de la gracia de Dios como el proveedor de *"una salvación tan grande"*. El apóstol se considera deudor por ese acto sublime de misericordia y ahora está listo para ir a Roma y compartir esa buena nueva en toda su plenitud (1:14, 15). Esta epístola es la presentación por excelencia del evangelio de Cristo Jesús. Romanos es la obra maestra de Pablo y, por supuesto, la del Espíritu Santo.

Pero a continuación de golpe viene la denuncia más devastadora del pecado mismo y del pecador, primero con un enfoque en los gentiles (1:18-32) y, luego, en los judíos (2:1-29). Esta denuncia de los gentiles es como descender desde los mismos cielos al nadir del infierno; tal es la distancia desde la gracia de un Dios amante hasta la rebelión de todo ser humano.

Dios, el Juez, analiza la condición depravada de todo ser humano. No es la manera como el mundo quisiera verse, pero es acertada la condición en la que se encuentra el pecador ante la mirada santa del Supremo Juez Divino. No puede haber otro veredicto, el resultado es: CONDENADO. Es la justicia del Dios santo. Pablo dedica ahora los próximos 64 versos al tema del pecado, la gran barrera entre Dios santo y el hombre rebelde.

Dos distinciones muy importantes que recordar en la justicia de Dios

Antes de proseguir se debe tomar muy en cuenta lo dicho anteriormente. Se hablará mucho de la justicia de Dios en Romanos. Para evaluar la justicia de Dios tenemos que comprender que la justicia de Dios abarca dos aspectos o toma dos formas:

1.) La justicia es el corazón de Dios que bendice lo perfecto y lo provisto en gracia para la salvación que se origina en Dios mismo; ésta es la justicia de Dios —la salvación provista en Cristo al *"impío que cree"*.

2.) El otro aspecto es **el atributo de Dios** que maldice y condena el mal. Bajo el primer aspecto Dios bendijo lo perfecto en su Hijo y dijo de Jesús: *"Éste es mi Hijo amado, en quien tengo complacencia"* (Mateo 3:17), pero a la vez la justicia, como el atributo de Dios, toma la forma de la ira santa para con cualquier pecado, sea angélico o humano. Romanos 1:18-3:20 se trata del pecado bajo la ira de Dios sacrosanto.

En Romanos 3:21-8:39 Dios provee en su gracia la salvación. Pablo describe este aspecto de la justicia de Dios bajo este concepto proveedor de la buena nueva; todo lo que procede de Dios santo es una expresión de su persona y va muy de acuerdo con el propósito divino de la ley; es la justicia o la expresión de su santidad.

En Romanos más frecuentemente *la justicia de Dios es la nueva declaración de que todos los que creen en su hijo, en su muerte vicaria puesta por el Juez justo, recibirán la buena nueva de ser declarados tan justos como el Hijo mismo* (Romanos 3:21-31; 2 Corintios 5:21).

La depravación total del ser humano ante el foro divino (Romanos 1:18)

Regresemos para retomar el hilo del argumento de Pablo. En Romanos 1:14, 15 Pablo afirma: *"A griegos y a no griegos, a sabios y no sabios soy deudor".* Ahora el apóstol está listo para ir a Roma y nos da varias razones, las cuales están marcadas por cinco conjunciones: *"Porque no me avergüenzo del evangelio"* (v.16), su motivación personal; *"porque en el evangelio la justicia de Dios se revela"* (v.17), su mensaje transformador; *"porque la ira de Dios se revela" (v.18),* el urgente peligro; *"porque lo que de Dios se conoce les es manifiesto"* (v.19), Dios ha hecho lo posible; *"porque las cosas invisibles de él... se hacen claramente visibles* (v.20).

Dios les ha dado ya evidencias claras de su persona. Pablo amarra su argumento con las cinco razones porque es urgente y apremiante. Podemos ver desde el principio de Romanos que Pablo maneja fuertemente la lógica y respalda sus argumentos con la razón divina. Así, introduce la denuncia que va a ocupar 64 versos sin interrupción (1:18-3:20). No cabe duda de que es la porción de la Biblia más larga y profunda sobre el análisis de los pecados.

Se destaca en este pasaje la ira de Dios, la extensión de su atributo de la santidad en forma de la justicia que condena lo malo. Pero debemos librarnos de todo concepto de la ira humana; nuestra ira es arbitraria, caprichosa y egoísta. La ira de Dios es santa, ni arbitraria ni caprichosa. Como un juez puede sentir vergüenza y cólera ante la violación de una niña indefensa, así Dios siente su ira santa ante su criatura terca que levanta el puño en su cara.

Equilibrio de Dios en la gracia que salva y en la ira que condena al ofensor

Es clave el uso del verbo **"se revela"** en 1:17, 18. Es el mismo verbo, tiempo y modo en estos dos versos. En 1:17 *se está revelando* la justicia de Dios, es decir, aquella oferta de perdón y libertad a través de la muerte de su Hijo. Tal oferta está en pie para el bien de su criatura.

Del mismo modo *se está revelando* la ira constantemente contra toda impiedad ante Dios y toda injusticia para con el compañero humano. Tanto la gracia como la ira están a la orden de quien lo reciba. Sigue Pablo diciendo: *"La injusticia de los hombres que detienen* (suprimen, tergiversan) *con injusticia la verdad"* (v.18). El pecado tan arraigado en el hombre sigue cuanto más en su rebeldía. No se detiene para nada; es irreversible su mal.

Ante el mal del hombre, Dios muestra evidencia de su persona (Romanos 1:19-20)

Lejos de ser injusto Dios les va dando comprobaciones de su persona y su corazón. Entre varias manifestaciones, podemos ver la conciencia del ser humano, un vestigio —aunque torcido y deformado— que emite la lucecita de su creación. Es ese pálido reflejo de la imagen de Dios Creador.

Además, la maravilla de la creación misma habla del poder infinito de Dios. El hombre, ciego por su propia decisión, pudiera ver aun la mano de Dios como el salmista la ve: *"Los cielos cuentan la gloria de Dios, y el firmamento anuncia la obra de sus manos"* (Salmo 19:1).

Llamamos Revelación General a la creación y sus evidencias. No alcanza para salvar un alma, pero basta que tenga un conocimiento rudimentario de Dios. Pablo en su mensaje a los atenienses dijo: *"Al que vosotros adoráis, pues, sin conocerle, es a quien yo os anuncio. El Dios que hizo el mundo y todas las cosas que en él hay... Para que busquen a Dios, si en alguna manera, palpando, puedan hallarle, aunque ciertamente no está lejos de cada uno de nosotros"* (Hechos 17:23, 24, 27). Pablo remacha la verdad en medio de esta denuncia tan devastadora: nos dice que Dios ha extendido su mano al hombre. Dios no es indiferente a su creación.

Seis pasos irrevocables hacia abajo (Romanos 1:21-23)

Dios marca hacia abajo los pasos de la "devolución", desde el ser creado en santidad hasta la triste caída, el malogro de ejercer su libre albedrío que pudo haber sido su corona de bendición. Este pasaje es la explicación teológica inspirada de Génesis 3, la caída de los primeros padres. No puede haber salvación sin tomar en cuenta esta verdad histórica y perenne. El científico puede hablar de la "evolución" del hombre, pero la Biblia la contradice rotundamente y la describe como la devolución catastrófica que separa al hombre pecador de su Dios santo.

Los pasos tristes del descenso: *"Pues habiendo conocido a Dios,* 1.) *no le glorificaron como a Dios,* 2.) *ni le dieron gracias,* 3.) *sino que se envanecieron en sus razonamientos, y* 4.) *su necio corazón fue entenebrecido,* 5.) *profesando ser sabios, se hicieron necios y* 6.) *cambiaron la gloria del Dios incorruptible en semejanza de imagen de hombre corruptible, de aves, cuadrúpedos y de reptiles"* (1:21-23).

Puesto que no glorificaron a Dios, las cosas iban de mal en peor. Podemos identificar precisamente esos pasos hacia abajo de la siguiente manera: 1.) Le robaron a Dios la gloria que sólo él merece y en cambio se glorificaron a sí mismos —orgullo; 2.) el orgullo extendido a "no le dieron gracias" síntoma del orgullo —la ingratitud; 3.) la mente, órgano del pensar se hizo vacía—mente alejada; 4.) entenebrecido el corazón —centro del ser humano— ahora es un corazón ciego y oscuro; 5.) profesando ser sabios — doblemente engañados y torcidos; 6.) cambiaron la gloria de Dios —paso final hacia abajo. Lo increíble, le dieron gloria desde el hombre caído hasta los reptiles. Le robaron a Dios lo suyo para prostituir lo de Dios a lo de ningún valor —la serpiente, de la misma boca de diablo.

De estos seis pasos, el número seis es el de lo humano y no divino (el Anticristo — 666), representa el estado final del ser humano— rebelde, terco, doblemente engañado y merecedor de lo que él mismo pidió e hizo. No hay manera de echarle a Dios la culpa. La conciencia y la luz de la creación todavía hablan, de tal manera que Pablo puede decir: *"De modo que no tiene excusa"* (1:20).

Pero hay todavía una nota final: *"Pues habiendo conocido a Dios…"* (1:21). Éste es el último clavo en el ataúd. Dios puso a nuestros primeros padres en un ambiente absolutamente idílico con acceso a todo lo perfecto como virreyes con una sola excepción, el fruto prohibido. Dios lo hizo no para tentarles a hacerles caer sino para que ejerciesen la corona de su creación, el libre albedrío, libres para amar y obedecer a su Creador.

Sin embargo, se rebelaron, dudaron de Dios y optaron por la mentira de Satanás. Desde entonces, el irrevocable castigo nos ha llegado ininterrumpidamente. Con razón David dijo: *"He aquí, en maldad he sido formado, y en pecado me concibió mi madre"* (Salmo 51:5).

La rebeldía es tres veces ratificada por Dios (Romanos 1:24-28)

Llegamos ahora a lo más horrendo de todo. *"¡Horrenda cosa es caer en manos del Dios vivo!"* (Hebreos 10:31). El tres veces Santo (Isaías 6:3) ratifica y sella definitivamente la decisión del ser humano rebelde. *"Por lo cual también Dios los **entregó** a la inmundicia…"* (v.24); *"por esto Dios los **entregó** a pasiones…"* (v.26); *"Dios los **entregó** a una menta reprobada para hacer cosas que no convienen"* (v.28). Nos da escalofrío pensar en el Dios que les regaló el libre albedrío y ahora ratifica y codifica las consecuencias de su desviación, pero aun agrega su propia sentencia inmutable confirmándolos en tal decisión fatal y final.

Dios condena toda inmoralidad en espíritu, alma y cuerpo

Pablo escribe todo esto desde Corinto, la ciudad más famosa precisamente por la inmoralidad. Se dirige al estilo de vida que hoy en día se presenta como el legítimo derecho de todo hombre, es decir, vivir en abierto desafío a las leyes de su Creador. Tan vergonzoso es esto que nos da pena aun hablar en público de lo que Dios aborrece.

"Deshonraron entre sí sus propios cuerpos (v.24), *pues aun las mujeres cambiaron el uso natural por el que es contra naturaleza, y de igual modo también los hombres... se encendieron en sus lascivias unos con otros, cometiendo hechos vergonzosos hombre con hombre, y recibiendo en sí mismos la retribución debida a su extravío"* (vv.26-28).

Esta explícita descripción bíblica de los pecados actuales del homosexualismo y lesbianismo revela la condena fuerte de Dios a este estilo de vida. Implica también que en principio el SIDA viene siendo el resultado de este pecado. Lo triste es que ahora contagie a los inocentes y a los mismos niños. Tal es la plaga del pecado.

Pablo era muy conocedor de la cultura grecorromana y respiraba tal ambiente en sus viajes, pero muy fuertemente denuncia la inmoralidad. Las listas de los pecados, tanto las descritas por Cristo (Marcos 7:21-23) como las de Pablo (Romanos 1:29-32; Gálatas 5:19-21; 1 Corintios 6:9, 10), empiezan con la perversión de la sexualidad.

Dios mismo es el autor de la sexualidad limpia y ordenada para la protección y la preservación de la familia, la primera institución que Dios estableció desde el Huerto de Edén. Además afirma el escritor a los Hebreos: *"Honroso sea en todos el matrimonio, y el lecho sin mancilla; pero a los fornicarios y a los adúlteros los juzgará Dios* (Hebreos 13:4). Una vez más vemos como el pecado tergiversa y tuerce lo sano convirtiéndolo en lo más sucio y repulsivo.

Este pecado en sus múltiples formas aparece como una sutil trampa para el creyente también. El Internet se ha convertido en una gran tentación, la pornografía que atrae a los jóvenes creyentes y aun los pastores. Pablo nos desafía así: *"Haced morir, pues, lo terrenal en vosotros: fornicación, impureza, pasiones desordenadas, malos deseo y avaricia, que es idolatría"* (Colosenses 3:5).

Un pastor en una ciudad cercana me dijo: "¡Tantos pastores de las mega-iglesias han caído en la inmoralidad!". La Biblia dice: *"Así que, el que piensa estar firme, mire que no caiga"* (1 Corintios10:12). Nadie queda exento de la tentación y sólo por guardar nuestro andar diario podemos mantenernos puros de mente y corazón.

Los pecados del corazón del ser humano caído (Romanos 1:29-32)

Al final de cuentas Pablo nos da veintitrés pecados; un triste comentario sobre nuestro potencial para el mal. No es una lista completa ni limitada al incrédulo. Es más bien una descripción moderna del corazón de todo ser que jamás ha vivido, sea incrédulo o sea creyente. No hay un pecado en esta lista que no se pueda ver en los santos del Antiguo y el Nuevo Testamento, ni mucho menos en los de hoy en día.

Pablo no nos da ningún orden de los pecados ni evalúa cuál es peor. Todos son pecados. Todo viene de la misma raíz, la naturaleza adánica y caída. Pero más adelante Pablo dará al creyente la clave sobre cómo triunfar sobre todo pecado: muertos en Cristo (Romanos 6:6) para andar en novedad de vida.

Hay un golpe final, el tiro de gracia, en el verso 32: *"Quienes habiendo entendido el juicio de Dios, que los que practican tales cosas son dignos de muerte, no sólo las hacen, sino que también **se complacen** con los que las practican"*. Ésta es la doble denuncia. Es una rebeldía tan porfiada como poner el puño en la cara de Dios. Ellos mismos practican estos pecados y aun complacen en exaltar a quienes siguen en el mal. Son doblemente ciegos, necios y anarquistas ante Dios ¡Qué terrible descripción de nuestro día y cultura!

Todo este triste cuadro nos muestra la imposibilidad del ser humano para producir obras que Dios pudiera reconocer como buenas. Pablo nos va preparando para la intervención en gracia de Dios como el único medio posible de salvación. Pero hay mucha más condenación aún en Romanos 2:1-3:20.

Verdades muy importantes por ponderar

1. No puede haber perdón si antes no vemos el pecado como Dios lo ve. Pablo no empieza por el desarrollo de la salvación con el amor y la misericordia de Dios, pues primero se tiene que abordar la barrera infranqueable a la justicia de Dios.

2. La ira de Dios es ira santa y sólo puede ser apaciguada por la justicia de Dios que provee en su amado Hijo el substituto que pagó el precio de nuestro mal, satisfaciendo así la ley de Dios.

3. Primero queda satisfecha la santidad de Dios a través de la ley que condena al pecador o a su substituto, Cristo; luego, Dios está en perfecta libertad de declarar justo al *"impío que cree"* en su Hijo.

4. De manera que se revela tanto la justicia de Dios (1:17) como también la constante ira de Dios contra el pecado (1:18). Éste es el único mensaje Dios tiene para su criatura.

Capítulo 4

De la justicia del griego a la justicia propia del ser humano
Romanos 2:1-11

Después de la magnificencia de la gracia de Dios sintetizada en Romanos 1:16-17, Pablo lanza la denuncia devastadora contra el ser humano, de igual manera como lo hizo antes con el griego. La ira santa de Dios, el Juez eterno, cae sobre el pecado y el pecador, sea quien sea. Romanos 1:18 dice: *"Porque la ira de Dios se revela desde el cielo contra toda impiedad e injusticia de los hombres que detienen con injusticia la verdad".*

Pero Pablo inmediatamente revela el corazón verdadero de Dios. La ira y el juicio es *"la obra extraña de Dios".* *"Porque Jehová se levantará como en el monte de Perazim, como en el valle de Gabaón se enojará; para hacer su obra, su extraña obra, y para hacer su operación, su extraña operación"* (Isaías 28:21).

Dios no se deleita en castigar y condenar al ser humano, pero su santidad y su justicia demandan tal acción. Dios, como evidencia de *las riquezas de su benignidad,* ha dejado el eco de su voz en la conciencia del hombre, corona de su creación. Y no sólo eso, sino que además el mundo en el que vive revela siempre su *"eterno poder y deidad"* (1:19, 20).

Sin embargo, nuestros primeros padres se independizaron de Dios y acto seguido dieron los seis pasos hacia el descenso (1:21-23). Ante tal decisión, Dios les ratificó las consecuencias tristes entregándolos tres veces a la apostasía (1:25-28).

Pero lejos de recapacitar, ahora ellos se complacen con los que pecan. Es como si levantaran el puño delante de la cara de Dios (1:29-32). Pablo describe en detalle nuestro mundo como si fuera el noticiero de la noche o el periódico de mañana. El Postmodernismo ha eliminado toda moralidad desafiando a Dios y sus leyes eternas. Así es nuestro mundo actual. Romanos capítulo uno describe el mundo en términos gráficos.

Pablo se dirige al ser humano y lo presenta ante el Juez divino - Romanos 2:1-6

Al oír la denuncia del mundo griego, el judío está muy de acuerdo con la condena divina. Mientras considera pésimo al griego, el judío se jacta de ser el hijo privilegiado de Dios y cree que, por tanto, merece otro trato. Pero ahora Pablo confronta al judío, es una confrontación algo indirecta al principio, y le dice: *"Por lo cual eres inexcusable, oh hombre, quienquiera que seas tú que juzgas (condenas)"* (v.1). Luego, el apóstol lo acusa directamente en Romanos 2:17: *"He aquí, pero tú tienes el sobrenombre de judío..."*

En Romanos 2:1-6 se ve la sabiduría de Dios en este reto doble al judío y a todo ser humano porque Romanos no limita el juicio de Dios a los gentiles ni a los judíos de la antigüedad, sino que pone también el dedo en la llaga de **todos nosotros hoy día**.

Pablo va a contrastar agudamente el pecado del ser humano, ya sea griego o judío. Dios sabe que el pecado puede tomar dos formas muy distintas ante el ojo humano, pero no ante el ojo de Dios. El griego, en Romanos capítulo uno, peca abierta y groseramente sumido en la inmoralidad y la perversión sexual. Es fácil identificar tal pecado y ante ello sentirse superior. Así pensaba el judío confiado en su propia justicia. No obstante, el pecado del judío venía cubierto por el disfraz de la hipocresía.

Y es precisamente ese pecado que se esconde bajo el pretexto de la moralidad y las buenas obras el que Pablo quiere exponer. En esencia, la justicia propia tiene que ser sacada a la luz. Es el peor pecado ante Dios. Aun los creyentes tenemos la vista muy corta. No queremos ver la auto-justicia nuestra que se esconde a veces tras la religiosidad y la hipocresía tanto en el ministerio como fuera de él.

Cuando Dios me tocó el corazón en mi primer pastorado en Winnipeg, en 1952, pude ver este pecado tal y como es: el más horrendo de los pecados. Desde ese momento, Dios empezó a hacer su obra de trasformación gradual —el Mensaje de la Cruz, muerto a mi propia justicia y "orgullo especial", seguido del quebrantamiento y la resurrección en vida abundante.

En Romanos 2:1-6 podemos ver una denuncia dramática que refleja a todo ser humano. En la primera banca está el judío sin ser identificado directamente. Pablo ya anticipaba el amén del judío al oír de la inmoralidad y perversión sexual del gentil (1:18-32*)*. El apóstol, entonces, le pone un alto cuando dice: *"Por lo cual eres inexcusable, oh hombre, quienquiera que seas tú que juzgas; porque tú que juzgas haces lo mismo* (v.1).

Ya en el versículo 2 Pablo admite que sabemos que Dios es santo y juzga siempre según la verdad. Pero el mero conocimiento de su peligro no llegaba al judío que confiaba en ser hijo de Abraham, circunciso y habitante de la Tierra Prometida —esperanza totalmente falsa.

Ahora viene el desafío fuerte al judío y a todo ser humano: *"¿Y piensas esto, oh hombre, tú que juzgas... que tú escaparás del juicio de Dios? ¿O menosprecias las riquezas de su benignidad, paciencia, longanimidad, ignorando que su benignidad te guía al arrepentimiento?"* (vv.3, 4).

Pablo a la vez revela el corazón tierno y paciente de Dios, aun dentro de la porción que pone muy en alto a Dios como el Juez justo cuya ira santa está a punto de desatarse sobre todo pecado, tanto sobre la injusticia como la justicia propia.

Cinco principios que son base del juicio divino - Romanos 2:5-16

Antes de llegar a ser el Salvador del mundo, Dios —ante la rebelión de su criatura— tiene que ser el Juez. Este párrafo establece el fallo del Juez. No es el lugar preciso para revelar el camino de la salvación. Presenta más bien el papel de Juez que trata con el pecado.

Más adelante, en Romanos 3:21-31, Pablo presentará la pura gracia de Dios ofrecida tanto al griego como al judío. Estos versos (5 al 16) se deben interpretar con base en la santidad de Dios. Al fin de cuentas lo que Dios exige a todos, sin excepción alguna, es un rendimiento de cuentas.

Primer principio: El fallo divino es sólo y siempre *según la verdad* (2:2). No se toma en cuenta ningún otro factor. A la verdad Dios es recto, justo y santo. Todo procede de su propia persona santa ante el mal del hombre. *"Pero por tu dureza y por tu corazón no arrepentido, atesoras para ti mismo ira para el día de ira y de la revelación del justo juicio de Dios"* (v.5).

Segundo principio: Procede la sentencia, no de un corazón caprichoso ni vengativo sino de sus *riquezas de su benignidad, paciencia y longanimidad.* Tal expresión de su amor y gracia deben guiarlo al arrepentimiento (2:4). En este ambiente, a pesar de su ira santa, él sigue siendo lo que siempre ha sido: Dios paciente y amante.

Tercer principio: Cada uno será juzgado tan sólo *por sus propias obras.* No hay privilegio alguno, no hay excepciones ni hay ningún favoritismo, esto es algo que no se puede apreciar en los tribunales del mundo (Romanos 2:6; 14:10-12; Apocalipsis 20:11-15). Veremos este principio otra vez en Romanos 2:12-16.

Cuarto principio: Dios es el *autor de vida eterna;* él recompensa con la gloria suya, honor e inmortalidad —todo procede de su persona. Vivir con Dios resulta en gloria, honor y paz al judío primero y también al griego. Él está dispuesto a bendecir y premiar lo bueno. Del mismo modo, la desobediencia resulta en tribulación y angustia. Dios al fin de cuentas no reconoce nada que no sea de su persona. Lo bueno es sólo lo que procede de su santidad.

Quinto principio: *"Porque no hay acepción de personas para con Dios"* (v.11). Dios es el Juez final y juzgará con base a estas cinco verdades. Otra vez en medio de la denuncia del griego (1:18-32); la denuncia del judío (2:17-29) y la conclusión terminante (3:1-20), Dios pone las bases de su juicio siempre *según la verdad.*

¿Cuál es la aplicación para nuestra vida?

Pablo establece que el pecador puede ser tanto el grosero del gentil (1:18-32) como el "refinado" del judío, o sea la injusticia de la inmoralidad o la justicia propia de fariseo o creyente. Ante esta mentira moral Dios desarma tanto al judío como al gentil. En medio de este discurso de 64 palabras (Romanos 1:18-3:20) dedicadas a la anatomía del pecado, pone el carácter de Dios como el Juez justo.

Ante este Juez justo cada uno comparecerá algún día, o sin Cristo o por los méritos del Hijo de Dios. El énfasis de Pablo es que Dios es santo y juzga santamente. Pero basta ver la depravación del ser humano para entender que la salvación sólo puede ser por gracia.

Dos historias de Jesús que agudizan las diferencias entre la injustica y la justicia propia

A Jesús le gustaba volver a destacar los dos aspectos del pecado ante Dios. En Lucas 7:36-50 Jesús fue invitado a cenar en casa de Simón, el fariseo. Honrada su casa por la presencia de Jesús, Simón pensaba que hacía una gran cosa. Pero en medio de la cena entró una reconocida mujer de la calle e interrumpió la cena para ungir los pies de Jesús y enjugarlos con el cabello. Simón, escandalizado, no dijo nada sino que pensó para sí: *"Este, si fuera profeta, conocería quién y qué clase de mujer es la que le toca, que es pecadora"* (v.39).

Jesús, sabiendo sus pensamientos, reprendió a Simón porque no hizo nada para atenderlo. En cambio, Jesús enumera la lista de lo que la mujer arrepentida y perdonada hizo: lavó sus pies con lágrimas, besó los pies del maestro y lo ungió con perfume.

Con otra historia de dos deudores y otras reprensiones, Jesús remachó el abismo entre el fariseo y su justicia propia y la injustica de la mujer ya arrepentida y perdonada: *"Por lo cual te digo que sus muchos pecados le son perdonados, porque amó mucho; mas aquel a quien se le perdona poco, poco ama"* (v.47). Queda clarísima la verdad: la justicia propia es peor y más ciega que la injusticia confesada. Simón se quedó sin ser justificado, mientras que ella salió perdonada y justificada.

La otra ocasión es en Lucas 18:9-14. Jesús marcó la vasta diferencia entre el fariseo y el publicano; ambos fueron al templo para orar. El fariseo pone en lista sus buenas obras: *"Dios, te doy gracias porque no soy como los otros hombres, ladrones, injustos, adúlteros, ni aun como este publicano; ayuno dos veces a la semana, doy diezmos de todo lo que gano"* (vv.11-12).

En agudo contraste el publicano se golpeaba el pecho y simplemente decía: ***"Dios, sé propicio a mí, pecador"***. Jesús pone fin con estas palabras tan sucintas: *"Os digo que éste descendió a su casa justificado antes que el otro; porque cualquiera que se enaltece, será humillado; y el que su humilla será enaltecido"* (v.14). Otra vez de la boca de Jesús queda claro cuál es el pecado más dañino— nuestra justicia propia.

Isaías y su encuentro con el tres veces Santo - Isaías 6:1-9

Es fácil ver este pecado en el fariseo, pero es otra cosa verlo en nuestra vida. Si existe una porción que se puede aplicar al creyente tan dispuesto a esconderse tras su llamado a servir, es el encuentro de Isaías con Jehová. Casi no necesita ni comentario.

Después de varios años probablemente de ministerio exitoso en los que predicaba y profetizaba con magna elocuencia —y tenía cierta aprobación de parte de Jehová— Isaías se dio cuenta de que le faltaba algo importante. Y es en un momento crítico de su ministerio, después de la muerte del rey Uzías, que se desata una crisis nueva en la vida y ministerio del profeta.

"En el año que murió el rey Uzías vi yo al Señor sentado sobre un trono alto y sublime, y sus faldas llenaban el templo. Por encima de él había serafines… y el uno al otro daban voces, diciendo: Santo, santo, santo, Jehová de los ejércitos; toda la tierra está llena de su gloria… entonces dije: ¡Ay de mí! **que soy muerto; porque siendo hombre inmundo de labios,** *y habitando en medio de pueblo que tiene labios inmundos,* **han visto mis ojos al Rey,** *Jehová de los ejércitos.*

"Y voló hacia mí uno de los serafines, teniendo en su mano un carbón encendido, tomado del altar con unas tenazas; y tocando con él sobre mi boca, dijo: He aquí que esto tocó tus labios, y es quitada tu culpa, y limpio tu pecado. Después oí la voz del Señor, que decía: ¿A quién enviaré, y quién irá por nosotros? Entonces respondí yo: Heme aquí, envíame a mí" (Isaías 6:1, 3, 5-8).

Jehová justo a tiempo le introdujo a una humillación, una crucifixión a todo costo sacando a la luz su propia justicia. Dios lo conocía de otra manera. Isaías debía conformarse con el tres veces Santo. El carbón del altar, lugar de muerte, tocó sus labios, esos labios tan elocuentes en magnificar la gloria de Dios en teoría; ahora en verdad profundamente quedaron limpiados y crucificados.

Isaías había sido, en cierto sentido, la voz de Dios a su pueblo (Isaías 1-5), pero le faltaba el Mensaje de la Cruz para sí mismo, una muerte y resurrección. Se le tenía que pasar a él un cambio de ser, un verdadero encuentro con el tres veces Santo. En este caso, el pecado de Isaías —los labios inmundos— le era invisible hasta estar en presencia de Dios.

El corazón del ser humano, tanto el incrédulo como el creyente, es muy corto de vista. Algún día todo ser humano comparecerá ante Dios para ser juzgado. Las únicas dos alternativas serán: con base en sus propias obras que resultan en el lago de fuego y azufre (Apocalipsis 20:10, 15) o con base en los méritos de nuestro sustituto, Cristo, el Cordero de Dios. Cristo tomó nuestro juicio y nos da el sumo gozo de nuestra salvación.

A continuación, en Romanos 2:17-29, Pablo se dirige más directamente al judío que dependía de su propia justicia. Y resultó, al final, que el pecado más dañino era la justicia propia porque el judío no se daba cuenta de su propio mal. Tal proceder niega la gracia y la misericordia de Dios que Pablo presentará en toda su gloria en Romanos 3:21-26.

Queda la pregunta: ¿Te has visto a ti mismo en presencia del Dios santo? Es muy fácil aparentar humidad sin ser crucificado con Cristo, lo cual nos pasó de una vez en Calvario.

Capítulo 5

El gentil y el judío estarán ante el Juez justo en el juicio final
Romanos 2:11-29

Pablo denuncia, en un tono de voz alto, al griego. Sin ninguna contemplación dice que Dios lo ha entregado a *"una mente reprobada, para hacer cosas que no convienen"* (Romanos 1:28). Al empezar Romanos 2, el apóstol extiende la denuncia a todo hombre que juzgando a los demás hace él lo mismo. Ahora habla con cada uno de nosotros.

Tal es el corazón del ser humano, ya sea gentil o judío, que se revela ante un Dios cuyas riquezas de benignidad, paciencia y longanimidad deberían llevarlo al arrepentimiento (2:1-4). Sin embargo, lejos de responder doblegando su ego ante a un Dios de gracia, el corazón duro y no arrepentido atesora para sí mismo *"la ira para el día de la ira de la revelación del justo juicio de Dios"* (2:5).

Pablo establece **cinco** criterios por los cuales juzga Dios a todo ser humano, sin tomar en cuenta ningún factor de favoritismo o mérito. 1.) Dios juzgará *según la verdad* (2:2). 2.) El juez justo juzgará con base en su *corazón de benignidad, paciencia y longanimidad,* nada de capricho (2:4). 3.) Serán juzgados todos *por sus propias obras* (2:6). 4.) El juicio será por el *autor de vida eterna* capaz de juzgar o bendecir (2:7, 8). 5.) Dios *no hace acepción de personas* (2:11).

En medio del fallo divino, se puede ver el panorama más extenso acerca de la condenación del mal del que nos habla la Biblia. Son en total 64 versos (Romanos 1:18-3:20). Pablo pone las pautas del juicio tanto para los griegos como para los judíos ante su destino final. Luego introducirá la única opción que está abierta al ser humano para poder evitar el final trágico, es decir, la salvación por la gracia de Dios (3:21-26).

Las pautas puestas en vigor por el Juez divino - Romanos 2:12-16
Surgen ahora las preguntas básicas ¿Cómo va a juzgar Dios a sus propias criaturas a quienes ama? No hay pregunta que sea más urgente. Según esos cinco criterios establecidos claramente (2:1-11), ¿cómo saldrán de su estado de condenación tanto los griegos como los judíos? Esta cuestión abarca a la humanidad de todos los tiempos. Lo que queda en la balanza divina no es nada más que el destino de todo ser humano. Ya sea que nos guste o no saberlo, ésta es la verdad.

¿Cómo va a juzgar Dios al griego, es decir, al homosexual, al adúltero y al idólatra, entre otros? ¿Cómo juzgará Dios a **aquellos que no han oído nunca nada del evangelio?** No cabe duda que son culpables pero culpables sin haber tenido la luz de la gracia de Dios. ¿Cómo juzgará al judío quien tiene tanta luz, incluso habiendo sido escogido por Dios como su propio pueblo? ¿Cómo va a balancear los pecados y cuál será el destino de todos? Éstas son preguntas pesadas y urgentes. Pablo en medio de la denuncia del mal pone en claro la justicia del Juez divino.

Pablo nos ubica bíblicamente Hoy en día hay mucha confusión en cuanto a esta cuestión. Muchos creen que hay diferentes caminos para llegar a Dios. Dicen que hay valor en cada religión. Pero la Biblia es clara; Pablo en su sermón a los atenienses dijo bajo inspiración: *"Por cuanto ha establecido un día en el cual juzgará al mundo con justicia, por aquel varón a quien designó, dando fe a todos con haberle levantado de los muertos"* (Hechos 17:31).

En breve cada uno será juzgado según los cinco criterios establecidos por Dios, pero cada uno será juzgado con base en la luz que ha tenido o no ha tenido. *Esto no quiere decir que serán salvos* por su reacción a la poca o la mucha luz que han tenido, sino que **perecerán ambos por el juicio equilibrado y justo de Cristo mismo.**

El destino eterno del griego sin Cristo - Romanos 2:12, 14-16

Veamos primero el destino final de los gentiles: *"Porque los que sin ley han pecado, sin ley también* **perecerán***…. (2:12a).* Tómese nota con cuidado de lo que dice Pablo; él dice que <u>perecerán</u> por la simple razón de que *"por cuanto todos pecaron, y están destituidos de la gloria de Dios"* (3:23). A pesar de la finalidad de esta aseveración, hay eterna justicia en Dios para con la reacción de todo pecador ante la luz que tuvo disponible.

Con razón dijo Abraham en su diálogo e intercesión ante Dios con respecto al castigo pendiente y ahora a punto de caer sobre las ciudades Sodoma y Gomorra entregadas a la homosexualidad y la perversión moral: *"El juez de toda la tierra, ¿no ha de hacer lo que es justo?"* (Génesis 18:25).

Sugiere Pablo que puede haber aquello que el Juez justo reconociera al condenar a todo pecador; sigue diciendo: *"porque cuando los gentiles que no tienen ley, hacen por naturaleza lo que es de la ley, éstos, aunque no tengan ley, son ley para sí mismos, mostrando la obra de la ley escrita en sus corazones, dando testimonio su conciencia, y acusándoles o defendiéndoles sus razonamientos, en el día que Dios juzgará por Jesucristo los secretos de los hombres, conforme a mi evangelio"* (2:14-16).

Pablo reconoce el destino final de la segunda muerte, pero sugiere que habrá grados o niveles de castigo que el Juez justo aplicará en el Gran Trono Blanco (Apocalipsis 20:11-15). Pablo admite que todo humano, aunque depravado y destituido de la gloria de Dios, puede hacer algunas cosas buenas hablando humanamente según su conciencia y su imagen de Dios, aun estando deformadas. También viven en un mundo en que Dios manda la lluvia sobre el justo y el injusto; viven a la luz de la revelación general de *su eterno poder y deidad* que Dios les da a todos (Romanos 1:19.20).

Al decir *"su conciencia, y acusándoles o defendiéndoles sus razonamientos"* no dice de ninguna manera "salvándoles". Pablo no admite otro camino al cielo, a pesar de la falta de luz que hayan sufrido por su maldad. En cambio, dice claramente: *"en el día en que Dios juzgará por Jesucristo los secretos de los hombres, conforme a mi evangelio"* (Romanos 2:16).

De la boca de Jesús citamos algo relevante a esta cuestión. A sus vecinos de Corazín y Betsaida y aun más a Capernaum, su propio hogar, les dijo: *"¡Ay de ti Corazín! ¡Ay de ti, Betsaida! Porque si en Tiro y en Sidón que se hubieran hecho los milagros que han sido hechos en vosotras, tiempo ha que se hubieran arrepentido en cilicio y en ceniza. Por tanto os digo que en el día del juicio, será más tolerable el castigo para Tiro y para Sidón, que para vosotras.*

Y tú, Capernaum, que eres levantada hasta el cielo, hasta el Hades serás abatida; porque si en Sodoma se hubieran hecho los milagros que han sido hechos en ti, habría permanecido hasta el día de hoy. Por tanto os digo que en el día del juicio, será más tolerable el castigo para la tierra de Sodoma, que para ti" (Mateo 11:21-24).

Pablo está de total acuerdo con Jesús: *"Yo soy el camino, y la verdad, y la vida; nadie viene al Padre sino por mí"* (Juan 14:6). Pedro lo vuelve a reafirmar: *"Y en ningún otro hay salvación; porque no hay otro nombre bajo el cielo, dado a los hombres, en que podamos ser salvos"* (Hechos 4:12).

El destino eterno del judío sin Cristo - Romanos 2:12, 13

Pablo vuelve a tocar la suerte del judío en su justicia propia y autoconfianza. Éste será el tema del resto de Romanos 2. *"Y también perecerán—el judío de igual manera que el griego— Y todos los que bajo la ley han pecado, por la ley serán juzgados; porque no son los oidores de la ley los justos ante Dios, sino los hacedores de la ley serán justificados"* (Romanos 2:12b, 13). Al decir serán justificados no quiere decir salvos porque *"Maldito todo aquel que no permaneciere en todas las cosas escritas en el libro de la ley, para hacerlas"* (Gálatas 3:10). Ninguno jamás ha cumplido con la ley que exige siempre la perfección.

En breve, el judío —tan privilegiado por Dios en su gracia— recibirá mayor castigo porque contra mucha luz ha pecado con los ojos abiertos. El griego, por su parte, ha tenido poca luz pero perecerá igualmente. El Juez justo dará la pena según su respuesta a la luz que juzgará y condenará al judío confiado en sí mismo.

Ante la ley, el judío será condenado más severamente - Romanos 2:17-23

Desde la denuncia del griego (1:18-32) y el justo juicio de Dios (2:1-16), Pablo está preparando al judío para la crítica más severa. El apóstol se pone "los guantes " y está listo para el *"knock out"* que dejará al complaciente judío en la lona, como dirían en el argot boxístico.

Pablo recuerda su propio trasfondo: *"circuncidado el octavo día, del linaje de Israel, de la tribu de Benjamín, hebreo de hebreos; en cuanto a la ley, fariseo, en cuanto a celo, perseguidor de la iglesia; en cuanto a la justicia que es en la ley, irreprensible"* (Filipenses 3: 5-6). Está para demoler la confianza falsa del judío que tiene su esperanza puesta en sí mismo. Pablo había viajado por este camino doloroso antes de la transformación en el camino a Damasco.

Con una serie de doce frases como piropos o flores, Pablo le permite al judío sentirse muy "espiritual", mucho mejor que el griego tan vil. Una lista corta de seis piropos basta: *"tú tienes el sobrenombre de judío, y te apoyas en la ley, y te glorías en Dios, y conoces su voluntad, e instruido por la ley apruebas lo mejor..."* (2:

17-20). El judío complacido de sí mismo va agregando su Amén a esa descripción muy lisonjera.

Pero de repente Pablo lanza seis preguntas que le cierran la boca. El pobre judío está en pie ante Dios culpable del peor pecado, no la injusticia del griego sino el de su justicia propia. Pablo le quita la máscara y lo deja auto condenado.

"Tú, pues, que enseñas a otro, ¿no te enseñas a ti mismo? Tú que predicas que no se ha de hurtar ¿hurtas? (2: 21-23). El apóstol continúa con las preguntas abriendo, cada vez más, la herida y echando la sal divina. Por fin pronuncia el veredicto: *"Porque como está escrito, el nombre de Dios es blasfemado entre los gentiles por causa de vosotros"* (2: 24, Isaías 52:5). Ante tal denuncia no hay respuesta que valga; es tan poderoso el argumento que demuele la propia justicia del judío o la de cualquier creyente.

No dejemos que esta porción se aplique sólo al judío del tiempo de Pablo. También abunda la hipocresía entre nosotros. Existe un abismo espiritual entre lo que predicamos y decimos y lo que vivimos y somos. No hay coherencia entre las palabras y los hechos. ¡Dios nos perdone!

El argumento final que acaba con la propia justicia del judío - Romanos 2: 25-29

Pablo conoce bien a su contrincante. Él vivía de igual manera hasta que tuvo su encuentro cara a cara con Jesús en el camino a Damasco. Dios lo humilló y lo transformó. Dejando su propia justicia, cultura y su éxito en su religión, llegó a ser el Apóstol a los gentiles, apasionado de la justicia de Jesús.

Pablo se da cuenta de que el judío está poniendo ponía su confianza en el rito de la circuncisión. Era el rito dado por Dios a Abraham, el padre de la fe. Sería la señal de pertenecer a *la fe de Abraham.* Sin embargo, los judíos convirtieron esa señal en comprobación de su superioridad racista ante Dios y los gentiles. Llegó a ser su muleta, su amuleto.

La lógica de Pablo es irresistible y en unos pocos planteamientos bíblicos y lógicos torna la circuncisión en la cual el judío se gloriaba en la misma incircuncisión. Y no sólo eso, sino que el apóstol llega a sugerir que el incircunciso (posiblemente el gentil) que guarde la moraleja de la ley, pudiera llegar a ser considerado como el circunciso. Este argumento hipotético destruye la falsa confianza que el judío tenía en el rito exterior.

El argumento fuerte se resume en esto: *"Pues no es judío el que lo es exteriormente, ni es la circuncisión la que se hace exteriormente en la carne; sino que es judío el que **lo es en lo interior, y la circuncisión del corazón, en espíritu**, no en letra; la alabanza del cual no viene de los hombres, sino de Dios"* (vv.28, 29).

Con todo este argumento, Pablo prepara el terreno para lo que vendrá en Romanos 3. La pregunta es: *"¿Qué ventaja tiene, pues, el judío? o ¿de qué aprovecha la circuncisión?"* La respuesta de Pablo no se hace esperar: *"Mucho, en todas maneras. Primero ciertamente, que les ha sido confiada la palabra de Dios"* (3:2).

Será el tema de la conclusión de la condenación de pecado tanto la injustica del griego como la justicia propia del judío en Romanos 3:9-20. Esta verdad nos prepara para la introducción de la gracia de Dios para con todo pecador (Romanos 3:21-31).

Una palabra de cautela y advertencia

Pero no dejemos el tema como si fuera un argumento teológico de antaño. Esta verdad se dirige a nosotros. ¿En qué confiamos? ¿En qué rito? ¿Qué acto religioso tiene valor ante Dios? Pablo declara que ningún rito, ningún acto religioso, por tradicional que sea, pueda ser aceptado por el Juez.

Muchos que descansan en su religión serán desilusionados. Pero aun entre los evangélicos que sólo confían en Cristo, ¿qué valor inconsciente le damos a nuestros años de servicio, nuestros sacrificios, nuestra fama de ser los hijos de Dios? No cabe lugar para ningún sustituto menos que Cristo y solo Cristo y su obra en la Cruz.

Había una clara enseñanza aun bajo la ley de Moisés de no guardar sólo la letra de la ley sino realizar la verdadera circuncisión espiritual del corazón. *"Y circuncidará Jehová tu Dios tu corazón, y el corazón de tu descendencia, **para que ames a Jehová tu Dios con todo tu corazón y toda tu alma**, a fin de que vivas"* (Deuteronomio 30:6).

Unos ochocientos años después, Jeremías 4:4 dice: *"Circuncidaos a Jehová, quitad el prepucio de vuestro corazón, varones de Judá y moradores de Jerusalén; no sea que mi ira salga como fuego, y se encienda y no haya quien la apague, por la maldad de vuestras obras"*. Nótese que primero Jehová nos cortará la vida vieja y luego nos toca a nosotros decir Amén y estar de acuerdo. Es precisamente la enseñanza de Romanos en los capítulos 6 al 8. Es el Mensaje de la Cruz.

Pero hay una aplicación para nosotros mismos hoy día. Pablo, en Colosenses 2, usa este rito en el sentido espiritual cuando dice: *"Y vosotros estáis completos en él (Cristo), que es la cabeza de todo principado y potestad, en él también **fuisteis circuncidados con circuncisión** no hecha a mano, al echar de vosotros el cuerpo pecaminoso carnal, en la circuncisión de Cristo; sepultados con él en el bautismo, en el cual fuisteis también resucitados con él, mediante la fe en el poder de Dios que le levantó de los muertos"* (Colosenses 2:10-12).

¿Cuál es esta circuncisión espiritual? Comparamos Colosenses 2 con Romanos 6 donde Pablo insiste en la misma verdad clave. Sabemos que en su muerte al pecado (6:10) morimos al pecado de una vez para siempre en la circuncisión espiritual de Cristo. Allí Dios juzgó de una vez la naturaleza carnal que persiste en el creyente, pero que no debe de ninguna manera reinar en su vida.

Al contrario, morimos con él, fuimos sepultados con él y resucitamos con Él para andar en vida nueva. No tan sólo murió

Cristo por nosotros sino que en unión con él ***morimos al pecado*** para que Cristo viviera en nosotros. Es la verdadera vida cristiana; es la solución tanto de los pecados como también del pecador y de su naturaleza orgullosa y pecadora. Todo esto es nuestro mediante la fe en él. Ya hablaremos más de este tema en los capítulos siguientes.

En resumidas cuentas, Pablo desenmascara la justicia propia del fariseo que es la misma que hay en nosotros. Actuamos igual, tenemos la tendencia a vernos mejores que los demás. Este mal existe tanto en el incrédulo como en nosotros. Que Dios nos quite la ceguera espiritual. Estos dos capítulos (Romanos 1:18 - 2:29) establecen que jamás puede Dios aceptar algo que proceda de tal corazón, de la carne no crucificada. Sólo nos queda la esperanza de que en Cristo haya perdón y salvación. Pero todavía Romanos 3:1-20 tiene algo más que decir. Y lo dice con firmeza y finalidad.

Capítulo 6

Culpable, condenado, perdido... pero puede ser perdonado en Cristo
Romanos 3:1-21

Pablo deja bien claro que todos están bajo la ira de Dios. Desde Romanos 1:18 hasta 2:29, el apóstol ha establecido más allá de ninguna duda que tanto el griego, injusto, así como el judío, con su justicia propia, están bajo la ira santa. El Juez divino, en foro abierto, ha presentado la evidencia devastadora que comprueba la culpabilidad del ser humano quien está condenado y perdido. En estos sesenta y cuatro versos se nos da la anatomía de este mal incurable. El hombre, ni puede ni quiere salvarse. No hay esfuerzo humano o religioso que valga.

Con el bisturí del cirujano, Pablo analiza el mal de nuestros primeros padres en los seis pasos hacia abajo (1:21-23). Ellos mismos toman la decisión y Dios ratifica su rebeldía en una triple condenación (vv.24-28) que termina enumerando veintidós pecados, en los cuales no sólo se deleitan sino que también se complacen con los que los practican (vv.29-32).

Luego, Pablo presenta a Dios como el Juez justo y paciente, mientras establece los cinco criterios por los cuales juzgará a todo hombre. El juicio inevitable será según la verdad (2:2), de parte de un Dios paciente y benigno, no caprichoso (2:4), según sus propias obras (2:6), impartido por aquel tiene el derecho de condenar o bendecir con la vida eterna (2: 7-9) y, finalmente, por alguien que juzga con equidad, pues es un Dios que no hace acepción de personas (2:11). ¿Quién puede criticar tal justicia divina?

Pero el judío se veía a sí mismo muy especial por haber sido escogido como el pueblo de Dios con la garantía de la circuncisión de Abraham, según su manera de pensar. Pablo demuele tal argumento al sacar a la luz la hipocresía de su confianza en lo externo de sus privilegios.

Después de enumerar doce privilegios que Dios les concede (2:17-20), formula seis preguntas con las que establece que el nombre de Dios ha sido blasfemado entre los griegos por ellos mismos (2:22-24; Isaías *52:5*). Por fin invalida su confianza en la circuncisión porque era signo de *la fe de Abraham,* aun siendo incircunciso él mismo (2:25-29).

Antes del sumario final, unas objeciones por considerar - Romanos 3:1-8

El resumen ha sido largo, pero los argumentos de Pablo son inexorables e irrevocables. El apóstol pone una firme base para el próximo fallo divino. A Pablo le gusta dialogar con su contrincante anticipando las objeciones y quejas. Por eso hace la pregunta que debería de esperarse: *"¿Qué ventaja tiene, pues, el judío? ¿o de qué aprovecha la circuncisión?"* (3:1). Como buen judío Pablo afirma: mucho, en todas las maneras. El Señor les había encomendado la palabra de Dios —un verdadero privilegio.

Pero queda aun una pregunta: ¿Qué pasa si no obedecen a ese tesoro que se les ha encomendado? ¿Tal incredulidad invalidaría la veracidad de Dios en llevar adelante su plan salvífico? De ninguna manera, responde Pablo. La palabra de Dios queda en pie aunque ellos como judíos hayan sido infieles. Al contrario —dice— que sea Dios veraz y todo hombre mentiroso.

Cita, como comprobación, las palabras del Rey David al arrepentirse de su más grande pecado: *"Para que seas justificado en tus palabras, y venzas cuando fueres juzgado"* (Salmo 51:4). Dios sigue siendo Dios, capaz de juzgar a los suyos aun en sus pecados y todavía perdonarlos según su justicia.

El mosaico de la denuncia de la Escritura del Antiguo Testamento - Romanos 3:9-18

Resta sólo una pregunta más para remachar la culpa del judío complacido en sí mismo. *"¿Qué, pues? ¿Somos nosotros* (judíos) *mejores que ellos* (griegos)?" Otra vez la respuesta favorita de Pablo: *"En ninguna manera; pues ya hemos acusado a judíos —*note el cambio del orden significante— *y a gentiles, que todos están bajo pecado"* (3:9).

Para poner más allá de duda la pregunta, Pablo simplemente les recuerda las mismas citas, aquellas en las cuales se jactaban (2:17-20) y que les fueron encomendadas como un alto privilegio. Quedan rotundamente auto condenados por sus propias Escrituras.

Lo que sigue es la finalidad contundente de la condenación absoluta de todo ser humano, mayormente del judío y su justicia propia. Con ocho citas, siete de los Salmos y una de Isaías, Pablo termina su pleito con el judío y su causa ante todo ser humano. Sólo cita unos versos porque bastan en su claridad: *"Como está escrito*—la voz autoritativa de Jehová del Antiguo Testamento—*No hay justo, ni aun uno; no hay quien entienda. No hay quien busque a Dios. Todos se desviaron, a una se hicieron inútiles; no hay quien haga lo bueno, no hay ni siquiera uno"* (3:10-12). Nadie puede levantar ninguna objeción. Pleito acabado. Sólo queda el veredicto por proclamar.

Un veredicto para el cual no hay apelación - Romanos 3:19, 20

Como siempre, Pablo apela a la autoridad de la ley en la cual el judío se gloriaba pero también a la cual desobedecían en su ceguera. *"Pero sabemos* (nosotros los judíos) *que todo lo que la ley dice, lo dice a los que están bajo la ley* (judíos), *para que toda boca se cierre y todo el mundo quede bajo el juicio de Dios; ya que por las obras de la ley ningún ser humano* —ahora incluye a los gentiles a los cuales no fue dada la ley (2:12, 14) — *será justificado delante de él; porque por medio de la ley es el conocimiento del pecado"* (Romanos 3:19, 20; Salmo 143:2). La misma ley en la cual se gloriaba el judío lo condena irremisiblemente.

Y con esa condena los griegos y, en breve cada ser humano, comparten la sentencia de muerte. Se ha confirmado el *dictum* (dicho autoritativo legal):*"El alma que pecare, esa morirá"* (Ezequiel 18:4). Pero gracias a Dios nos acercamos a otro *dictum*: *"Porque la paga del pecado es muerte, mas la dádiva de Dios es vida eterna en Cristo Jesús Señor nuestro"* (Romanos 6:23). Pablo está listo ahora para introducir la luz de la gracia de Dios en medio de estas tinieblas.

Pablo introduce la justicia de Dios, el evangelio - Romanos 3:21

"Pero ahora" son las dos palabras llamativas con las que Pablo introduce nuevos argumentos o verdades que dan un viraje de 180 grados. No puede haber una mayor verdad que ésta. Analicemos con cuidado y esmero cada frase que constituye la buena nueva anunciada por Dios, en medio de la oscuridad y ceguera tanto de judíos como de gentiles.

Pablo, ahora como apóstol a los gentiles, les recuerda: *"En aquel tiempo estabais* (gentiles) *sin Cristo, alejados de la ciudadanía de Israel y ajenos a los pactos de las promesas, sin esperanza y sin Dios en el mundo. Pero Ahora en Cristo Jesús, vosotros que en otro tiempo estabais lejos, habéis sido hechos cercanos por la sangre de Cristo"* (Efesios 2:12, 13).

Estas dos palabras destacan el cambio de rumbo que Dios mismo, en su infinita misericordia, introdujo con base en su propia iniciativa. Todo gira alrededor a este cambio. Es la gracia de Dios hacia el pecador, de acuerdo a la justicia provista en Cristo.

"**Aparte de la ley**". Esta pequeña frase elimina de golpe la ley en todo sentido. La ley no ha tenido ni nunca tendrá un papel ni en la justificación ni, mucho menos, en la santificación. La ley ha servido sólo para condenar el pecado y al pecador. Como dice la Biblia: *"De manera que la ley ha sido nuestro ayo, para llevarnos a Cristo, a fin de que fuésemos justificados por la fe"* (Gálatas 3:24). *"Porque el fin de la ley es Cristo, para justicia a todo aquel que cree"* (Romanos 10:4).

"**Se ha manifestado la justicia de Dios**". El verbo trae el matiz de desplegar, hacer resaltar, destacar, exponer, afirmar o atestiguar. La voz del verbo es pasiva y el modo indicativo, el tiempo del verbo es perfecto. En breve, quiere decir que la justicia es un acto único de Dios para con nosotros y sólo la recibimos pasivamente.

Lo realizado es en el presente perfecto, aquello queda para siempre hecho. El efecto o disponibilidad de la acción ejecutada está a nuestro alcance en todo momento. Puede parecer demasiado técnico el verbo, pero nos garantiza que este acto de Dios queda en pie actualmente, basado todo en lo que Cristo hizo en la cruz hace dos mil años.

"**Testificada por la ley y los profetas**". Pablo afirma que esta verdad de la justicia de Dios no es nada nuevo. Tiene una larga historia desde la ley o la Torá (Pentateuco) y los profetas. Cristo mismo enseñó esto a los dos creyentes en el camino a Emaús: *"Y comenzando desde Moisés, y siguiendo por todos los profetas, les declaraba en todas las Escrituras lo que de él decían"* (Lucas 24: 27). Debido a la enseñanza no balanceada, hay creyentes hoy día que tienen el concepto de que la salvación personal es prácticamente la del Nuevo Testamento.

Algunos parecen creer que la salvación personal del AT debe haber sido algo limitado o inferior a la nuestra. Pablo dice que No. Desde la ley, desde Génesis 3:15, Dios anunció a la serpiente, Satanás, su soberano plan de salvación en términos breves y algo ocultos, pero que se ha desplegado durante todo el Antiguo

Testamento. Pablo no introduce nada novedoso sino algo vivido desde Abel hasta Malaquías.

En cuanto a la vida cristiana hoy, puede haber —y de hecho las hay— diferencias de función y conocimiento en los dos Testamentos, pero no hay diferencia en lo que concierne a la salvación individual o la regeneración. Es cierto que en el Antiguo Testamento Dios no pudo explicar los detalles del cómo iba a salvarlos porque Cristo no había venido, pero la realidad de la salvación personal es la misma en los dos Testamentos.

Hebreos 11, el capítulo de la fe, no se puede interpretar de otra manera. No puede haber una salvación inferior y otra superior. Las dos estriban en la misma obra de la Cruz. La salvación, o el encuentro salvífico con Dios, ha sido siempre por la fe por medio de la sangre de Cristo, el Mesías. La salvación por gracia era una realidad en ambos, en al Antiguo Testamento más implícita y en el Nuevo muy explícita porque la Cruz es parte íntegra de la historia humana.

El testimonio de la ley y el plan de Dios para las edades

Examinemos brevemente un aspecto de este testimonio de la ley. Génesis 3:15 desde antaño se ha llamado el *"protoevangelium"*, es decir, el evangelio como el patrón, modelo o molde para su desenvolvimiento hasta la Cruz de Cristo.

Pero tomemos muy en cuenta la situación, quién le dijo, qué y a quién. De inmediato después de la caída de nuestros primeros padres, Dios en su bondad se dirigió primero a Adán, la cabeza de la nueva raza, el responsable, luego a Eva, el medio de la caída. Se les acercó con unas preguntas para darles la oportunidad de confesar su mal. Pero ellos en lugar de admitir su mal, evadieron la pregunta con pretextos.

Jehová de inmediato se dirigió al tentador, Satanás, en forma de la serpiente y pronunció sin dar vueltas la maldición que merecía desde su caída en el cielo (Compárense: la caída del rey de

Babilonia, Isaías 14:8-20 y la caída del príncipe de Tiro, Ezequiel 28: 11-19 con la de Satanás). Las analogías son directas y contundentes. Esto es lo que da perspectiva y sentido a lo que sigue.

1.   *Pondré enemistad* entre ti y la mujer. Las dos primeras palabras es un pronunciamiento de lo inevitable de la iniciativa de Dios implacable contra el maligno. Dios mismo se compromete de una vez y para siempre a tomar cartas en lo que había pasado, dándonos a entender que juzgaría al maligno y desharía el daño hecho y restauraría al bien a nuestro primeros padres.

2.   Pondré enemistad *entre ti y la mujer.* Las palabras que siguen especifican los actores en oposición el uno al otro. Esto exige un gran cambio de papel asumido por la mujer. En su soberana gracia la mujer como entidad sería el futuro medio de gracia a pesar de haber sido lo contrario en la caída (Véase Isaías 7:14 – la virgen concebirá). Sólo Dios soberano puede declarar tal futuro.

3.   *Y entre tu simiente y la simiente suya.* Se ve en esta irresistible oposición el involucramiento de toda la humanidad por el tiempo que Dios permita. Dentro de poco saldrían de los dos linajes: Abel y Caín; Enoc, el séptimo de Adán y Lamec, el séptimo de Adán; Noé y los antediluvianos y la Torre de Babel; Abraham, Isaac, Jacob, y José, entre otros.

4.   *Ésta te herirá en la cabeza.* Ahora el orden y el énfasis cambian; la iniciativa corresponde a la Simiente de la mujer. La Cruz aparece. Se ve como algo oscuro, pero tiene que ser la simiente de la mujer, simiente singular, Cristo (Gálatas 3:16) que daría un golpe fatal; tal sería el golpe a la cabeza que Cristo le daría en la Cruz. *"Ahora es el juicio de este mundo; ahora el príncipe de este mundo será echado fuera. Y yo, si fuere levantado de la tierra, a todos atraeré a mí mismo"* (Juan 12:31, 32). Y continúa diciendo: *"Así que, por cuanto los hijos participan de carne y sangre, él también participó de lo mismo, para destruir por medio de la muerte al que tenía el imperio de la muerte, esto es, al diablo y librar a todos los*

que por el temor de la muerte estaban durante toda la vida sujetos a servidumbre" (Hebreos 2:14, 15).

5.   **Y tú le herirás en el calcañar.** Cristo a través del sufrimiento y la muerte pagaría el precio de rescate, y por fin triunfaría.[2] En resumen, la salvación sería de Dios mismo; destruiría al diablo; la salvación sería una provisión para toda la raza; vendría por un mediador; y resultaría en el sufrimiento de un Salvador hecho hombre, de la simiente de la mujer.   ¡Qué magnífica salvación anunciada en el mismo momento de la caída!

Desde el primer minuto de la caída, Dios ya tuvo en pie y en vigor su plan a largo plazo. Claro que Adán y Eva no entendieron los detalles ni Satanás mismo, pero desde nuestro punto de vista, después de la Cruz, podemos trazar a grandes rasgos el plan que Dios llevó a cabo en la cruz. La caída no tomó a Dios por sorpresa; al contrario la esperaba —sin causarla— para poder hacer una recreación magnífica en su Amado Hijo.

El Testimonio de los profetas

En el Pacto Abrahámico Jehová prometió a Abraham una tierra y un hijo (Génesis 12) *"y creyó a Jehová y le fue contado por justicia"* (Génesis 15:6). A la edad de cien años Dios le dio a su hijo Isaac, y pocos años después vemos un Calvario virtual al exigir que lo sacrificara en holocausto. *"Toma ahora tu hijo, tu único, Isaac, a quien amas, y vete a tierra de Moriah, y ofrécelo allí en holocausto sobre uno de los montes que yo te diré"* (Génesis 22:2).

Se desarrolla la historia de la fe de Abraham llegando casi hasta el momento de sacrificar a su único hijo, creyendo que Dios tendría que levantarlo de los muertos (Hebreos 11:19). Dios interviene y provee un carnero trabado en una zarza. Todo esto fue en micro lo que Dios mismo haría con su propio hijo en la Cruz. Con razón Jesús

---

[2] George W. Peters. A Biblical Theology of Missions, (Chicago: Moody Press,. 1978) pp. 85, 86. (traducción del autor)

dijo: *"Abraham vuestro padre se gozó de que había de ver mi día; y lo vio, y se gozó... De cierto, de cierto os digo: Antes que Abraham fuese, yo soy"* (Juan 8:56, 58).

Jehová en Deuteronomio 18:15, 18 dijo: *"Profeta de en medio de ti, de tus hermanos, como yo, te levantará Jehová tu Dios; a él oiréis... Profeta les levantaré de en medio de sus hermanos, como tú; y pondré mis palabras en su boca, y él les hablará todo lo que yo le mandare".* No puede ser menos que Cristo el gran anti-tipo de Moisés, siendo el tipo.

La voz profética por excelencia son los Cánticos del Siervo Sufriente en Isaías 42, 49 y 50 y la cumbre se aprecia en Isaías 52:13 - 53:12. Es evidente que Isaías viene pintando un cuadro progresivo de Israel como siervo, pero el Mesías, siendo el cumplimiento, sufriría una muerte vicaria por todo el mundo. Hasta ahora el tipo había sido un cordero que cubría ceremonialmente los pecados de Israel. Pero Isaías da un gran paso paradigmático dejando el tipo del animal y llegando a ser un hombre que justificaría a muchos.

"Con todo eso, Jehová quiso quebrantarlo, sujetándole a padecimiento. Cuando haya puesto su alma en expiación por el pecado, vivirá por largos días, y la voluntad de Jehová será en su mano prosperada" (Isaías 53:10). Por ser tan exacto el cumplimiento de esta profecía, muchos llaman a Isaías como el quinto evangelista. De veras la justica de Dios ha sido testificada ampliamente por la ley y los profetas. Nos queda por examinar la justicia de Dios en el resto del texto clásico sobre la justificación.

Capítulo 7

La Justicia de Dios – nuestra nueva posición jurídica y perfecta en él
Romanos 3:21-31

Después de una rotunda denuncia del pecado del ser humano en Adán (Romanos 1:18-3:20), Pablo ha demostrado —más allá de cualquier duda— que nadie puede salvarse por sus propios méritos. *"No hay quien haga lo bueno, no hay ni siquiera uno"* (3:12) Pero todo no está perdido. De repente Pablo dice también: *"Pero ahora, aparte de la ley, se ha manifestado **la justicia de Dios**"*. Y agrega de inmediato que la justicia fue *"testificada por la ley y los profetas"* (v.21).

En esta corta frase, el apóstol afirma que esta justicia era conocida y experimentada en el Antiguo Testamento. Pablo no agrega nada nuevo ni extraño a la salvación por la gracia de Dios, sino que era sólo una justicia no explicada en pleno detalle antes de la Cruz.

Una vez más vemos que la Cruz viene siendo tanto el eje como el apogeo del plan eterno de la salvación. Todo lo que precedía antes apuntaba hacia la muerte y la resurrección de Cristo; todo lo que ha seguido después explica y aplica esa salvación divinamente planeada desde *"antes de la fundación del mundo"* (Efesios 1:4; 2 Timoteo 1:9; Apocalipsis 13:8).

¿Qué es la justicia de Dios?

La llave que nos abre el tesoro de la salvación es una comprensión bíblica de la justicia de Dios. Todo gira alrededor del significado de este término teológico. Primero veremos que la santidad de Dios es uno de los atributos *incomunicables* de la persona del Dios trino. Se manifiesta en la justicia para con el ser humano en dos formas: en la ira hacia lo malo o en la aprobación y la bendición de Dios frente a la perfección.

La podemos ver reflejada ante su propio Hijo en su bautismo (Mateo 4:17) y en el monte de la transfiguración (Lucas 9:35). Dios dijo: *"Éste es mi Hijo amado en quien tengo complacencia"*. Ya que la ira de Dios, como atributo, es una extensión de su santidad, no podría ser la ira de Dios la buena nueva para el pecador sino, muy al contrario, la mala nueva.

Pero ahora viene la maravilla de la gracia de Dios. La justicia puede tomar la forma de la gracia de Dios en Cristo para con nosotros a partir de la muerte vicaria de Jesús, la nueva posición jurídica otorgada e imputada al *"impío que cree"* ante Dios, el Juez justo, con base en el precio pagado del rescate. El *"impío que cree"* (Romanos 4:5) recibe sólo por gracia de Dios el perdón de todos sus pecados y la restauración a todos los privilegios de Dios, llegando a ser *"heredero con Dios y coheredero con Cristo"* (Romanos 8:17).

Ésta justicia de Dios, ahora, es el atributo *comunicable* al creyente. El Juez nos ve santos y perfectos en la persona de su hijo. Pablo lo expresa en plena aplicación espiritual: *"Al que no conoció pecado, por nosotros lo hizo pecado, para que nosotros fuésemos hechos justicia de Dios en él"* (2 Corintios 5:21).

Estos dos términos tan diferentes se unen en Cristo. La justicia de Dios como la ira de Dios cayó de una vez para siempre sobre el Hijo por orden de Dios. Esta expresión, pues, de la ira de Dios exigida por la ley, ahora viene siendo la esencia de nuestra salvación —la justicia de Cristo puesta a nuestra cuenta como la nueva posición otorgada en gracia en base de la sangre vertida por nosotros.

David lo expresa gráficamente: *"La misericordia y la verdad se encontraron; la justicia y la paz se besaron. La verdad brotará de la tierra, y la justicia mirará desde los cielos"* (Salmo 86:10, 11); pudiéramos decir que en la Cruz los dos sentidos se besaron en la muerte y resurrección de Jesús.

El desarrollo de esta justicia en Cristo - Romanos 3:21-23

Pablo con mucho cuidado nos traza el proceso divino que resulta en nuestra nueva posición en Cristo ante Dios, ahora somos contados tan justos como su amado hijo. *"Pero ahora, aparte de la ley, se ha manifestado la justica de Dios... ("aun") la justicia de Dios por medio de la fe en Jesucristo, para todos los que creen en él* (3:21, 22).

Casi como si fuese imposible de comprender, Pablo dice "aun" esa misma justicia ahora es nuestra. No aparece en nuestra versión española este vocablo "aun", pero en el original Pablo especifica que la verdadera justicia de Cristo es nuestra sólo por medio de la fe. La fe es uno de los tres medios de los cuales estudiaremos en seguida.

Dios nos declara justos —la misma esencia de la justificación. Esta posición imputada o puesta a nuestra cuenta es irrevocable, perfecta, intocable y permanente. Tal justicia es el ancla de nuestra salvación, la piedra angular de la seguridad de nuestra salvación en Cristo.

Por la intervención de Dios mismo, el juez pone al alcance únicamente de la fe esta justicia, a pesar de que no hay diferencia entre la injusticia del gentil (Romanos 1:18-32) y la justicia propia de judío (2:17-29). En resumidas cuentas, nos recuerda de la sentencia de muerte: *"Por cuanto todos pecaron, y están destituidos de la gloria de Dios"* (3:23). La cuestión del pecado ya no existe más para el Juez puesto que él mismo puso el *"kófer"* — precio de rescate en hebreo.

En el Antiguo Testamento hubo la costumbre aprobada por la cultura y luego por la ley misma de buscar la manera de equilibrar el desbalance causado por el pecado. La regla general era: *"ojo por ojo, diente por diente"* — *lex talionis* (Éxodo 21:23-25; Levítico 24:20). De esta manera el castigo debe igualar o neutralizar el desbalance físico o moral. Sin embargo, hubo restricciones: en caso de un homicidio no podía haber un precio o *"kófer"* que fuera aceptado. Era vida por vida, no más. En caso de otro mal, sí que se aceptaba un *"kófer"* con tal que el ofendido o el juez lo permitiera.

En el caso de nuestra justificación el mismo Juez ofreció a su propio hijo como *"kófer"*. Dice la Biblia: *"Con todo eso, quiso quebrantarlo, sujetándolo a padecimiento. Cuando haya puesto su vida en expiación por el pecado ("kófer"), verá su linaje, vivirá por largos días, y la voluntad de Jehová será en su mano prosperada"* (Isaías 53:10).

Cristo mismo dijo: *"Como el Hijo del Hombre no vino para ser servido, sino para servir, y para dar su vida en rescate ("kófer") por muchos"* (Mateo 20:28). Con razón Pablo dice: *"Mas Dios muestra su amor para con nosotros, en que siendo aún pecadores, Cristo murió por nosotros"* (Romanos 5:8).

Los tres medios de la salvación - Romanos 3:22, 24

Los teólogos han resumido los tres medios de esta manera lógica. Vienen repetidos en varias maneras en nuestra porción clásica de Romanos 3:21-26. A la vez hay cierto orden teológico que esclarece la interacción de los tres. Son el medio de la gracia, el de la sangre y el de la fe. Los dos primeros son exclusivamente de Dios; el tercero se puede describir como el medio divino/humano.

Empezamos siempre y sólo con **la gracia de Dios.** El plan salvífico se originó en Dios trino desde antes de la fundación del mundo. Precede cualquier actividad humana, sea buena o sea mala. Tan imposibilitada es la condición del pecador que no puede salvarse. De tal manera que la salvación tuvo que originarse, forzosamente, en Dios. Allí se ven el amor y la bondad de Dios en pleno florecimiento. Pablo nos lo recuerda cuando dice: *"¿Dónde, pues, está la jactancia? Queda excluida ¿Por cuál ley? ¿Por la de las obras? No, sino por la ley* (dinámica) *de la fe"* (Romanos 3:27). **La gracia es el medio proveedor.**

Con una expresión redundante, Pablo agrega*: "Siendo justificado gratuitamente por su gracia..."* (3:24 a). *"Por tanto, es por fe, para que sea por gracia...."* (Romanos 4:16). La Cruz de Cristo es la expresión más alta del amor de Dios. El ser humano en plena bancarrota recibe el perdón de todos los pecados, pasados, presentes y futuros, al ser restaurado ahora es adoptado como hijo de Dios (Colosenses 2:13).

Sigue de inmediato el segundo medio de la salvación, *la sangre vertida* por nosotros, el verdadero *"kófer"* o precio pagado para librarnos de la esclavitud del pecado y de Satanás. Después de decir: *"Siendo justificado gratuitamente por su gracia, mediante la redención que es en Cristo Jesús"* (3:24b), Pablo pone la base en la sangre de Jesús derramada por nosotros (Levítico 17:11).

Es de notar lo específico que es el punto de la sangre derramada; fue vida por vida, pero fue la vida del Hijo de Dios perfecta e infinita en vez de la vida finita y pecaminosa nuestra. La sangre de Cristo cobra valor infinito y basta para satisfacer las demandas de la ley y la santidad de Dios mismo. **La sangre es el medio meritorio.**

La fe es el tercer medio, *el medio divino/humano.* Tiene que ser la fe activada por Dios ya que el condenado no puede producir nada que agrade a Dios. *"Así que la fe es por el oír, y el oír, por la Palabra de Dios"* (Romanos 10:17). La palabra de Dios siendo la espada del Espíritu (Efesios 6:17) opera en el *"impío que cree"* y facilita que pueda responder a la operación del Espíritu en la fe redentora.

Hebreos 4:12 dice: "Porque la palabra de Dios es viva y eficaz, y más cortante que toda espada de dos filos; y penetra hasta partir el ama y el espíritu, las coyunturas y los tuétanos, y discierne los pensamientos y las intenciones del corazón". No puede haber mérito alguno en tal respuesta al oír la palabra salvadora. **Me gusta describir la fe como la mano extendida pero vacía que sólo recibe lo ofrecido por la bondad del dador.** Mientras extiendo la mano, confieso mi falta y tomo lo ofrecido en pura gracia. Por la gracia de Dios el ser humano puede ser salvo, algo que no ocurre con el diablo y los ángeles caídos destinados al infierno. En gracia, Dios provee al pecador —con base en la sangre de su Hijo— la oferta genuina de perdón y liberación. Sólo tiene que aceptar la salvación y dar gracias por ella. **La fe es el medio para alcanzarla.**

En resumen, los tres medios son: la gracia de Dios, el *medio proveedor*, medio ambiental; la sangre, el *medio meritorio*; la fe, el *medio divino/humano que recibe* gratuitamente lo dado en la gracia divina.

El eje de la salvación es la intervención de Dios mismo en la cruz - Romanos 3:25, 26

Si Romanos 3:21-26 es la porción clásica que describe la realidad de la salvación, y por supuesto que lo es, los últimos dos versículos (vv.25, 26) son los clásicos de la porción. Llegamos al verdadero corazón del amor y la gracia de Dios. Pablo nos muestra cómo Dios hizo lo que la ley decía que no se podía hacer nunca. Dios halló la manera de pagar él mismo el precio de rescate.

En esta explicación iluminadora, Pablo revela cómo Dios lo hizo de una manera que nunca podría haber perjudicado a su persona ni a su ley. Lo hizo a un costo infinito que fue pagado por él mismo a favor de los inmerecidos pecadores. ¡Qué vislumbre del corazón de Dios!

Con razón Pablo dice: *"Porque Cristo, cuando aún éramos débiles, a su tiempo murió por los impíos. Ciertamente, apenas morirá alguno por un justo; con todo, pudiera ser que alguno osara morir por el bueno. Mas Dios muestra su amor para con nosotros, en que siendo aún pecadores, Cristo murió por nosotros"* (Romanos 5:6-8).

En la ley, Dios había puesto aspectos de su propio carácter. La ley misma es Dios en acción. En los primeros códigos que gobernaban la vida social después de los Diez Mandamientos, Dios había dicho: *"De palabra de mentira te alejarás, y no matarás al inocente y justo; porque yo no justificaré al impío"* (Éxodo 23:7). Remacha este principio básico en Proverbios 17:15: *"El que justifica al impío, y el que condena al justo, ambos son igualmente abominación a Jehová."*

Pareciera que Dios estaba en un gran dilema porque él tendría de justificar al impío, y eso era precisamente lo que había dicho que no haría nunca. En realidad Dios nunca está en un dilema ¿Cómo pudo haberlo hecho? En su infinita sabiduría y en su gran amor halló la manera de perdonar al condenado. Lo que ningún ser humano pudiera haber pensado hacer, Dios trino lo hizo a costo infinito de su persona. Puso a su propio Hijo en rescate por muchos (Mateo 20:28). Dejó caer sobre Jesús toda la furia de su propia ley. Así satisface las demandas de su ley, pero de ninguna manera perjudica su santidad. Él proveyó una expiación —un "kófer" cobertura— más que adecuado para apaciguar su ira justa. Esto se llama la **propiciación**.

La esencia de la redención en Cristo Jesús

Ahora viene la justicia de Dios por excelencia en los versículos (3:25, 26): *"A quien (Cristo Jesús) Dios puso como propiciación por medio de la fe en su sangre, para manifestar su justicia, a causa de haber pasado por alto, en su paciencia, los pecados pasados. Con la mira de manifestar en este tiempo su justicia, a fin de que él sea el justo, y el que justifica al que es de la fe de Jesús"*. Ésta es la palabra definitiva del gran cómo de nuestra salvación.

La palabra clave es propiciación que tiene que ver con la expiación del pecado. Una serie de palabras en hebreo son de la misma etimología: "kófer", "Yom Kippur" (Día de Expiación) y "kapporeth" —el propiciatorio ante el cual y sobre el cual se rociaba la sangre siete veces en Levítico 16, Día de expiación. El rocío de la sangre era ante el propiciatorio sobre el cual estaba la "shekinah", la gloria de Dios mismo.

De esta manera se apaciguó la ira de Dios. Apaciguada la ira de Dios de una vez, el Dios de amor ahora está en libertad de perdonar y aceptar, expresando su amor hacia el "impío que cree". Antes de que fuese cancelado el pecado, Dios, siendo el Dios de amor, no pudo haber mostrado nunca ese amor. Pero ya es propicio y extiende su perdón y aceptación del "impío que cree".

Es importante notar que antes de la cruz, Dios en el Antiguo Testamento pasó por encina los pecados pasados (3:25) al no juzgar los pecados de los santos de AT. El caso de los pecados de David es un buen ejemplo; Salmo 32 celebra tal perdón y restauración del rey. Tal omisión de la muerte pudiera haber creado la sospecha de la complicidad de Dios con el pecador al no juzgarlo con la muerte. Pero ahora en la cruz Dios se justifico ante su ley y su propio ser santo.

De esta manera mostró que nunca había tolerado el pecado; sólo esperaba a juzgarlo en su amado Hijo históricamente en la Cruz de Calvario. Ya justificada su justicia y su santo nombre ya vindicado, Dios mismo pudo justificar a los que "son de la fe de Jesús". Nótese que sólo "los de la fe de Jesús" son los justificados. Dios tenía un amor para con todos en una provisión universal (Juan 3:16; 1 Juan 2:2), pero un perdón sólo para "los de la fe de Jesús" (3:26).

La maravilla de la gracia y el amor de Dios

Pablo ha presentado el gran cómo del evangelio. Dios hizo lo imposible por tomar sobre sí lo que nos correspondía. Su ley satisfecha, su santidad enaltecida, su amor desplegado, su perdón ofrecido sobre bases santas e intactas proclaman que la justicia de Dios ha sido honrada en todo sentido. Dios se justifica ante su propia persona; está en libertad para justificar a los que son de la fe de Jesús. Lo que Pablo introdujo en Romanos 1:17 ya es completo: *"Porque en el evangelio de justicia de Dios se revela por fe y para fe, como está escrito: Mas el justo por la fe vivirá".*

Al cerrar con broche de oro la gran trayectoria de la salvación, con sobrada razón dice: *"¡Oh profundidad de las riquezas de la sabiduría y de la ciencia de Dios! ¡Cuán insondables son sus juicios, e inescrutables sus caminos! Porque ¿quién entendió la mente del Señor? ¿O quién fue su consejero? ¿O quien le dio a él primero, para que le fuese recompensado? Porque de él, y por él, y para él, son todas las cosas. A él sea la gloria por los siglos. Amén"* (Romanos 11:32-36).

Capítulo 8

El papel clave de la fe en la justificación y la santificación
Romanos 3:2 – 4:25

Romanos 3:21-26 es el pasaje clásico sobre la justificación; es la obra maestra en la que Dios nos ha dado el cómo, el cuándo y el por qué de la salvación nuestra. En sólo seis versículos Pablo, bajo la inspiración del Espíritu Santo, nos abre el corazón del Dios trino, su corazón lleno de gracia y amor que a la vez honró en todo sentido su santidad y su respeto alto para con la ley. De modo que la justificación del *"impío que cree"*, en nada perjudicó la ley de Dios.

Y es que el amor de Dios va acompañado de su justicia, por lo tanto dejó caer la ira de la ley de Dios —la expresión de su santidad, atributo incomunicable— sobre su propia persona, su amado Hijo. Este precio de rescate o *"kófer"* compró nuestra redención.

En estos versículos, Pablo entreteje los tres medios de la salvación: la gracia de Dios —el medio proveedor, la sangre— el medio meritorio y el medio de la fe, mediante el cual somos alcanzados. Al destacar estas tres verdades resulta bien clara la gracia de Dios en agudo contraste con la ley.

Sin embargo, Pablo no quiere en nada despreciar la ley de Dios en el rol preciso que Dios le había designado. *"Ya que por las obras de la ley ningún ser humano será justificado delante de él; porque por medio de la ley es el conocimiento del pecado"* (Romanos 3:20).

Tal texto da fin a la larga condenación rotunda del pecador (1:18-3:20). Pero sin aceptar tal condenación no habría salvación. La ley, entonces, sí que sirve para sacar a luz el pecado como Dios lo ve en su santidad.

La gracia de Dios frente a la ley — las obras de la fe contra las de la ley

Para Pablo, la ley se ve en el énfasis que cae siempre sobre las obras o nuestros mejores esfuerzos de cumplirla. Pero para su salvación nadie puede jactarse ante Dios en sus obras, ni aun Abraham mismo, el padre de la fe (Romanos 4:1, 2). Surge la conclusión: *"¿Dónde, pues, está la jactancia? Queda excluida. ¿Por cuál ley?¿Por la de las obras* (es decir, la ley de Moisés)? *No, sino por la ley de la fe"* (3:27, 28).

Nótese que Pablo describe la fe como una ley o, mejor dicho, una fuerza o una dinámica operante que representa la gracia de Dios. Son dos dinámicas operantes, la de la fe y la de la ley, pero nunca operan juntas a la vez.

Lo que sigue identifica al autor de la salvación con base en la dinámica de la fe o la gracia de Dios. Y no puede ser de otra manera, pues Dios mismo es el autor exclusivo de la salvación en su gracia por medio de la fe, tanto para el judío como para el gentil, ambos condenados (3:29, 30).

Pero Pablo quiere defender el uso correcto de la ley. El apóstol no quiere denigrar la ley de Dios, la expresión de su santidad y su justicia o ira frente al pecado. Se ve su preocupación en la pregunta que contestará en Romanos 4. *"¿Luego por la fe invalidamos la ley? En ninguna manera, sino que confirmamos la ley"* (3:31).

Pablo desarrollará el medio de la fe sin poner en tela de duda el papel bíblico y limitado de la ley. Anticipa en Romanos 4 la dinámica de la fe operante tanto en la justificación como en la santificación de Abraham. Éste es un punto pocas veces visto por el lector. **Pablo quiere unir tanto la justificación como la santificación sobre la** mismísima base de la gracia de Dios por medio de la fe (Efesios 2:4-10).

Abraham, el padre de la fe, pone en acción la fe justificadora - Romanos 4:1-3

Los judíos tenían en altísima estima a Abraham. Algunos incluso pensaban que nadie jamás se podría comparar con él. Pablo lo pone como ejemplo, pero aclara que Abraham, de ninguna manera, podría gloriarse ante Dios de sus obras. Su fe ejemplar al salir de Ur de los caldeos marcó el principio de un andar de fe con Dios.

Abrazó el Pacto Abráhamico que prometió una tierra y un hijo que sería de bendición a todas las naciones (Génesis 12:1-6). Pablo cita, como evidencia de la fe justificadora de Abraham, Romanos 4:3 y Génesis 15:6: *"Y creyó a Jehová, y le fue contado por justicia".* Ésta fue la segunda vez que Dios le había confirmado el pacto a Abraham; la primera fue en Ur de los Caldeos. Ahora acababa de separarse de Lot y de recibir la bendición de Melquisedec, tipo de Cristo. Dios le reiteró la promesa de un hijo y le dio una profecía formidable del futuro lejano de su pueblo (Génesis 15:7-21).

Las dos dinámicas opuestas la una contra la otra - Romanos 4:4-5

Pablo afirma categóricamente en el mundo de hoy operan dos dinámicas antagónicas: la ley como fruto de nuestro esfuerzo y la fe producto de la Palabra de Dios y la gracia. No hay manera de unirlas. Una excluye forzosamente a la otra.

A nivel de las obras de ley o en un contracto humano quien entra en tal contrato pone su parte, por pequeña o grande que sea; luego según la ley del contrato humano tiene el derecho de exigir de parte del otro su sueldo o debido reconocimiento. Tal contrato es obligatorio. Y resulta en cierta igualdad. Este arreglo surte efecto en la ley humana pero nunca ante la ley de Dios.

Pablo ilustra las dos. *"Pero al que obra, no se le cuenta el salario como gracia, sino como deuda; mas al que no obra, sino cree en aquel que justifica al impío, su fe le es contada por justicia"* (4:4, 5). En la gracia divina, el que no obra, quien no puede ni quiere obrar, entonces por la fe recibe por pura gracia lo que se le da. Tal es la gracia de Dios ante la fe que no tiene mérito alguno; en cambio se extiende la mano vacía para recibir lo dado y luego da gracias por lo bondadoso del dador.

Comparo siempre la fe a una mano vacía pero extendida que recibe con gratitud lo ofrecido. Por eso la fe es el medio divino/humano. Primero Dios por su Palabra viva y eficaz produce el deseo de recibir. *"Así que la fe es por el oír, y el oír, por la palabra de Dios"* (Romanos 10: 19). Lo humano es el extender la mano vacía y recibir lo dado en gracia; lo divino es el dar conforme a la promesa dada en la Palabra de Dios.

El testimonio de David después de su gran pecado - Romanos 4:6-8

"Sólo por el testimonio de dos o tres testigo se mantendrá la acusación" (Deuteronomio 19:15). Abraham siendo el primer testigo vivió antes de que la ley fuera dada, pero fue justificado por la fe. David vivió cuando ya la ley estaba en vigencia y fue el segundo testigo que dijo: *"Como también David habla de la bienaventuranza del hombre a quien Dios atribuye justicia sin obras, diciendo: 'Bienaventurados aquellos cuyas iniquidades son perdonadas, y cuyos pecados son cubiertos'"* (4:6, 7).

Pablo cita el Salmo 32:1 escrito por David después del Salmo 51, el gran salmo del arrepentimiento profundo. David había pecado gravemente, un doble pecado por el adulterio cometido con Betsabé y el homicidio de Urías, el fiel general del ejército de David. El pecado fue escandaloso y por nueve meses a lo menos David encubrió su pecado. Pero Natán, el profeta, viene y le narra la historia de un pobre súbdito suyo a quien el rico dueño le robó su única corderita para darla de comer a un visitante. Al oír de tal injusticia, David con indignación dijo que el que hizo tal cosa debería morir. Y el profeta replica: *"Tú eres aquel hombre"* (2 Samuel 12:1-14).

Frente a tal denuncia David reconoció su pecado y se arrepintió de tal grado que pudo escribir el Salmo 32 con estas palabras tan claras que establecen que los peores pecados confesados son perdonados y cubiertos. Luego agrega un punto más: *"Bienaventurado el varón a quien el Señor no inculpa de pecado"* (Romanos 4.8; Salmo 32:2).

La justificación divina se extiende de tal manera que está cubierto cualquier pecado futuro, es decir, **en cuanto a nuestra posición jurídica,** Dios no ve nunca más el pecado perdonado. Tal pecado confesado no afecta la posición jurídica firme ante Dios.

Sin embargo, cualquier pecado no confesado del creyente rompe la comunión y la intimidad con Dios. Quien continúa pecando da evidencia de que nunca fue justificado genuinamente. Pero en cuanto a nuestra posición de ser justificado ante Dios, ve al justificado a través de su propio Hijo quien no tenía pecado. ¡Qué bendición! ¡Qué cobertura divina!

La perspectiva bíblica de la gracia de Dios frente a la ley - Romanos 4:9-12

Recordemos la pregunta latente de Romanos 3:31: *"¿Luego por la fe invalidamos la ley? En ninguna manera, sino que confirmamos la ley".* Pablo establece con toda claridad que la ley sólo condena, denuncia el pecado, pero es incapaz de perdonarlo. La ley sirve para puntualizar el mal. Pero una vez arrepentido el *"impío que cree",* la gracia por medio de la fe lo perdona y lo justifica delante del Juez justo.

De esta manera se confirma la ley. Desempeña su papel de hacer conocer el pecado, pero la ley ni salva ni santifica. Pablo nos va preparando el camino en el resto del capítulo y en Romanos 5 al 8. El apóstol aclara que la ley no corresponde al creyente como el medio de la santificación.

Tanto Abraham como David fallaron seriamente después de justificados por la fe. Abraham salió a Egipto y obedeció el consejo incorrecto de Sara del que resultó el nacimiento de Ismael. David pecó contra Betsabé y Urías y, al final, contó a Israel que resultó en la muerte de muchos (2 Samuel 24:1-17). Sin embargo, **en cuanto a *su posición jurídica delante de Dios* tal conducta no cambió su posición de ser declarado justo ante Dios.** Claro que estas faltas de fe afectaron grandemente su comunión con Dios y resultaron en consecuencias fuertes. Pero su posición jurídica ante Dios era inalterable e incobrable. Por eso la justificación, el cambio de posición legal ante Dios, es la base segura de nuestra salvación.

Es la fe, no la ley, la que garantiza la promesa a todos - Romanos 4:13-17

Pablo ahora vuelve a tocar la vida de Abraham después del cambio de nombre de Abram —*padre enaltecido*— a Abraham — *padre de una multitud* (Génesis 17:5). Lo pone como la vara de medir. Creyó en la promesa de Dios primero al salir de Ur de los caldeos (Génesis 12:1-3) y luego la segunda confirmación al darle un hijo por el cual todo el mundo sería bendecido (Génesis 15:6). Recibió la justificación, así, antes de ser circuncidado a la edad de 87 años con el nacimiento de Ismael (Génesis 17:1-27). Por eso la justificación no pudo estar basada en la ley ni en tal rito porque Abraham mismo fue incircunciso al recibirla.

A duras penas Pablo quiere separar de una vez para siempre la fe de la ley; además, la circuncisión era **la señal de Pacto Abráhamico fundado en la fe por la gracia de Dios.** La circuncisión era la señal de la fe de Abraham; nunca era la base de la salvación ni mérito para los judíos o los gentiles.

Éste es el argumento de Gálatas y el de Romanos 4. Sobre esta base introducirá nuestra muerte a la ley en Romanos 7:1-6. Allí establece que ya morimos a la ley como el medio de la santificación para vivir llenos del Espíritu Santo dado con base en la justificación, llevándonos a la santificación de Romanos 6:12 – 8:1-13.

Los siguiente son unos versículos claves: *"Por tanto, es por fe, para que sea por gracia, a fin de que la promesa sea firme para toda su descendencia; no solamente para la que es de la ley, sino también para la que es de la fe de Abraham, el cual es padre de todos nosotros (como está escrito: Te he puesto por padre de muchas gentes) delante de Dios, a quien creyó, el cual da vida a los muertos, y llama las cosas que no son, como si fuesen"* (4:16, 17).

Dios en su soberana misericordia hizo que la fe en la promesa a Abraham fuese la base de la salvación y no la ley y nuestros mejores esfuerzos. Así que la fe viene primero para que todos tengan la salvación tanto los gentiles como los judíos. No hay ninguna preferencia para los judíos, como ellos creían, lo cual sería torcer el plan de Dios (Romanos 10:1-6).

La analogía de la fe justificadora que viene siendo la fe santificadora - Romanos 4:18-25

Este punto importante por considerar no se ve ni se comprende por su importancia futura en el desarrollo de la vida santificada. Ahora la fe anticipa lo que será el fruto de esta fe justificadora que nos conduce a la santificación de Romanos 6.

Pablo escoge, precisamente, la penúltima expresión de la fe ya siendo Abraham creyente maduro puesto a prueba a la edad de 99 años y Sara teniendo 91 años —el nacimiento de Isaac, el hijo de la promesa. Dios lo bendijo por tan larga espera. Pero vendría otra prueba más fuerte.

Esta fe y obediencia de estar dispuesto a ofrecer a su único amado hijo como Dios lo mandó fue la culminación de la santidad de Abraham. *"Por mí mismo he jurado, dice Jehová, que por cuanto has hecho esto, y no me has rehusado tu hijo, tu único hijo; de cierto te bendeciré y multiplicaré tu descendencia como las estrellas del cielo y como la arena que está a la orilla del mar; y tu descendencia la poseerá las puertas de sus enemigos. En tu simiente* (Cristo) *serán benditas todas las naciones de la tierra, por cuanto obedeciste a mi voz"*(Génesis 22:16-18). Este ejercicio de fe es el patrón para la mismísima fe que nos santificará siendo la dádiva de Dios, vida eterna. En cierto sentido, Pablo nos prepara para el próximo paso, el del cómo de la santificación o una vida de victoria en Cristo crucificado.

Otro punto importante para tomar en cuenta: *Cristo resucitado* **para nuestra justificación**

Al final del párrafo en Romanos 4:23, 24 Pablo especifica: *"Por lo cual también su fe le fue contada por justicia. Y no solamente con respecto a él se escribió que le fue contada, sino también con respecto a nosotros a quienes ha de ser contada, esto es, a los que creemos en* **el que levantó de los muertos a Jesús**, *Señor nuestro, el cual fue entregado por nuestras transgresiones, y* **resucitado para nuestra justificación"**.

Pablo termina aquí preparándonos para el primer resumen de la justificación en Romanos 5:1-8 y anticipa el resto de Romanos 5:9 - 8:39. Y desde allí tiende el puente para el próximo paso clave que nos lleva a la santificación o la santidad de la vida cristiana (Romanos 5: 9-11).

Se debe decir que la doctrina de la justificación en cierto sentido incluye la totalidad de la obra redentora realizada en la cruz de Calvario. Quedan implicadas otras doctrinas por introducir: la elección o la predestinación, el llamado efectivo, la regeneración y la justificación en su primer aspecto de la posición jurídica. Pero la justificación y la regeneración son como gemelas.

Hasta aquí en Romanos 3:21-26, Pablo ha puesto gran énfasis en la muerte de Cristo, el *"kófer"* que Dios puso en propiciación por nuestros pecados. Tiene gran razón en tal énfasis. Pero se debe notar que en Romanos 4:25, Pablo por primera vez introduce el otro aspecto de la misma verdad: *el cual fue entregado por* *nuestros pecados y **resucitado para nuestra justificación**.* Para él la última frase sobre nuestra justificación incluye la resurrección la cual viene por delante dando la consumación y el clímax de la obra redentora de Cristo en la Cruz.

Una valiosa advertencia sobre el debido énfasis en la santificación
Hago énfasis en esto porque tristemente la predicación en la iglesia local ha enfatizado en extremo la posición jurídica. Sí que es la verdadera base de la salvación, pero no se ha dado debido énfasis en el segundo aspecto de la obra unitaria de Cristo, es decir, la santificación en términos bíblicos. Me refiero al cómo de la vida victoriosa en Cristo resucitado y la llenura del Espíritu Santo como el único medio efectivo de tal andar en santidad.

Se ha dejado el mensaje del evangelio truncado al predicar sólo el perdón de nuestros pecados y un pasaporte a los cielos. Claro que es parte central de la verdad, pero hay mucho más para realizar en unión con Cristo, en muerte al pecado y nueva vida en el resucitado Hijo de Dios.

Éste será nuestro énfasis con tal que el Espíritu nos capacite para recibir por fe la victoria en Cristo como una dádiva divina. Tristemente, cuando no hemos querido dejar tal énfasis equivocado, hemos dejado los hermanos con la idea de que depende tanto de nuestra "fe" como "nuestro hacer". Así las cosas, nos ha quedado la vida cristiana como una lucha constante con tantos altibajos y poco éxito posibles, especialmente por la lucha contra nuestra propia carne.

En la vida de Abraham, padre de la fe, veremos la **anatomía de la fe** de Abraham al salir victorioso en la mayor prueba de su vida, el retorno milagroso de Isaac tipo de Cristo resucitado. (La anatomía según el Diccionario de la Real Academia Española es: análisis, examen minucioso). Ésta es la fe santificadora que nos abrirá los tesoros de la vida en unión con Cristo. *"Porque habéis muerto, y* *vuestra vida está escondida con Cristo en Dios"* (Colosenses 3:3). ¡Qué maravillosa la vida al alcance de nuestra fe!

Capítulo 9

La fe santificadora en acción: la fe de Abraham al ofrecer a Isaac
Romanos 4:18-25

Es mejor describir la justificación que definirla. En gran parte, Pablo ha presentado la doctrina de la justificación desde Romanos 3:21-26. La grandeza y la maravilla de la gracia de Dios desafía cualquier definición. Me gusta más esta descripción: la justificación es el acto jurídico por el cual Dios, el juez justo, declara justo al *"impío que cree"* cuando éste ha puesto su fe en la muerte expiatoria de su amado Hijo.

Al poner a su cuenta esta posición segura por la gracia divina, Dios, el juez justo, le perdona todos sus pecados y le restaura a una herencia eterna. Ahora, el creyente nacido de nuevo llega a *"ser heredero con Dios y coheredero con Cristo"* (Romanos 8:17).

Dios mismo pagó el precio de nuestro rescate. Él mismo es el *"kófer"* y con base en su amor y gracia satisfizo de una vez para siempre la justica de la ley de Dios, siendo así nuestra propiciación. *"Al que no conoció pecado, por nosotros lo hizo pecado, para que nosotros fuésemos hechos justica de Dios en él"* (2 Corintios 5:21). Este versículo nos abre la puerta a la maravilla de la reconciliación de Dios.

En Romanos 4:1-17, Pablo explora en mayor detalle el rol de la fe en la justificación. El versículo clave es: *"Por tanto, es por fe, para que sea por gracia, a fin de que la promesa sea firme para toda su descendencia..."* (4:16). Pablo confirma la ley (3:31) al limitarla solamente al rol que Dios le había dado, es decir, hacer palpable el pecado. En el plan original de Dios la ley ni salva ni santifica: *"pues la ley produce la ira"* (4: 15). Pero la promesa de Abraham fue dada antes de la ley y por eso se aplica a todos los que son los verdaderos creyentes por la fe, sean gentiles o judíos.

Después de establecer la fe justificadora, Pablo anticipando el rol de la fe en la santificación identifica la fe santificadora como el desarrollo o una parte integral de la misma fe justificadora. Lo hace primero al poner el ejemplo de la fe de Abraham a la edad de 75 y luego a los 100 años de edad. Fue la misma fe justificadora como santificadora. *"Y no solamente con respecto a él se escribió que le fue contada, sino también con respecto a nosotros a quienes ha de ser contada..."* (4:23-24).

La anatomía de la fe santificadora de Abraham - Romanos 4:18-25

El diccionario de la Real Academia Española define la anatomía como "el análisis o examen minucioso de una cosa". Pablo describe la fe en acción primero en Abraham al salir de Ur de los caldeos y abrazar el Pacto Abráhamico, en el que Dios le prometía una tierra y, sobre todo, un hijo que sería de bendición a todas las naciones.

Su mente no pudo haber comprendido el cómo de la promesa. Sin embargo, la Biblia dice: *"Por la fe Abraham, siendo llamado, obedeció para salir al lugar que había de recibir como herencia; salió sin saber a dónde iba"* (Hebreos 11:8). Esto fue la primera expresión de la fe a la edad de 75 años (Génesis 12).

Estando Abram en la tierra prometida, Dios se le apareció por segunda vez en visión: *"No temas, Abram; yo soy tu escudo, y tu galardón será sobremanera grande"*. Abram con razón responde: *"Señor Jehová, ¿qué me darás, siendo así que ando sin hijo, y el mayordomo de mi casa es ese damasceno Eliezer?... Luego vino a* *él palabra de Jehová, diciendo: No te heredará éste, sino un hijo tuyo será el que te heredará... y **creyó a Jehová, y le fue contado por justicia"** (Génesis 15:1, 2, 4, 6).

Pablo cita al pie de la letra esa última promesa en Romanos 4:3. Recibe Abraham la señal de la circuncisión a la edad de 87, señal de la fe en el Dios del pacto. **Estos dos encuentros con Dios definen la fe justificadora.** Permanecía ese momento para siempre en la vida de Abraham como la piedra angular de su salvación en Cristo.

Pero lo que sigue en Romanos 4:18-21 es la última expresión de la fe en la vida de Abraham a la edad de 99 años. Es la misma fe, la misma dependencia de Dios pero bien al final de la vida de Abraham, el patriarca maduro y santo. **Para mí esto habla claramente de que ésta es la fe santificadora.** Ya que en el plan de Dios la santificación sigue forzosamente la justificación como una parte integral. Los dos aspectos de la fe, tanto en la justificación como en la santificación no son nunca una obra ni mérito o esfuerzo humano, sino que es la misma fe a un nivel más profundo basada en el carácter de Dios y su obra en la Cruz.

Cuando lleguemos al estudio de Romanos 6-8 veremos que es la misma fe que echa mano de la obra de la cruz (Romanos 6:6, 11-14) y que gracias al poder del Espíritu Santo nos llena y capacita para una vida de victoria en Cristo (Romanos 7:1-6; 8:1-4). Pablo ya nos va preparando para tal consumación al poner los dos ejemplos históricos en la vida del padre de la fe en este capítulo.

La fe santificadora: la resignación de la fe - Romanos 4:18, 19

Tracemos ahora la trayectoria de la fe en Abraham a los 100 años. La esencia de la fe es el esperar en Dios, tomando muy en cuenta su fidelidad en llevar a cabo el plan salvador según el horario divino. Tal tardanza divina no nos cae bien, pero es la espina dorsal de la fe.

A la edad de 75 años, Dios le había prometido un hijo al llegar a la Tierra Prometida. Unos años después, Abram sugirió la posibilidad de un heredero nacido en su casa siendo el hijo de Eliezer, pero Dios le dijo que no. Luego al obedecer Abraham el consejo necio de Sarai, nació Ismael. Pero Dios le dijo que tampoco éste sería el heredero.

Debemos tomar muy en cuenta que la fe de Abraham a veces flaqueaba tal como la nuestra. Dios no le exigió la fe perfecta sino que sólo aprendiera a no depender de la carne. Por eso la tardanza en la promesa para que aprendiese Abraham a depender de Dios. Poco después a la edad de 87 años, le dio la señal de la circuncisión. Tardarían 13 años más y así toda esperanza humana se habría desvanecido.

La resignación de Abraham debió haber sido dura. Con el pasar de cada año —desde la edad de 87 hasta los 99— se desvanecía la posibilidad de un hijo según la carne. Pero Dios iba a hacer un milagro cuando toda otra esperanza ya había muerto. *"(Como está escrito: Te he puesto por padre de muchas gentes) delante de Dios, a quien creyó, el cual da vida a los muertos, y llama las cosas que no son, como si fuesen"* (4:17). Dios quería esperar hasta ser glorificado solo él en la vida de Abraham.

Con razón dice la Escritura: *"Él creyó en esperanza contra esperanza, para llegar a ser padre de muchas gentes, conforme a lo que se le había dicho: Así será tu descendencia"* (4:18). En este tiempo iba perdiendo la confianza en la carne y actuando conforme a la fe. Pablo especifica: *"Y no se debilitó en la fe al considerar su cuerpo, que estaba ya como muerto (siendo de casi cien años), o la esterilidad de la matriz de Sara"* (4:19).

La fe no cohabita con la duda ni con las probabilidades. La mente humana siempre tan ágil en solucionar los problemas a su manera no puede actuar nunca en la formación de una fe robusta. La fe deja con Dios el cómo y el cuándo de su plan de glorificarse. No es fácil esperar, pero tal es la fe santificadora.

La fe santificadora: el regocijo de la fe - Romanos 4:20

Abraham no aprendió esto de un día para otro, fue más bien en el crisol de la esperanza. Pero Pablo traza en Abraham la anatomía de la fe que crece. *"Tampoco dudó, por incredulidad, de la promesa de Dios, sino que se fortaleció en fe, dando gloria a Dios"* (4:20). Nótese la manera tan brusca de referirse a la duda tan humana y natural. Pablo lo llama tal como es: incredulidad.

La incredulidad es una palabra bien directa que desafía a Dios y cuestiona su carácter y su amor. La fe va aprendiendo a no hacerlo. Por eso tardó tanto el milagro. Dios ocupa todo el tiempo necesario para hacer su voluntad. Seguimos el horario suyo. Entre tanto el Espíritu Santo nos enseña a no confiar en la carne y nos guía a depender sólo en Cristo.

Podemos ver el desarrollo de la fe desde lo difícil, lo problemático, lo probable, lo posible, lo imposible. En este mismo momento entra Dios y la fe aprende a darle gloria en anticipación de su propia intervención. Este proceso no es nada fácil, pero en la vida santificada tenemos que hacer frente a estas etapas y tardanzas.

Confieso que es mucho más fácil escribir esto que vivir este proceso. *"Porque nosotros somos la circuncisión, los que en espíritu servimos a Dios y nos gloriamos en Cristo Jesús, no teniendo confianza en la carne"* (Filipenses 3:3). Nótese el gerundio, el proceso que va teniendo ninguna confianza en la carne. La fe y la carne —la incredulidad— no coexisten juntas. Una vence a la otra.

La trayectoria de la fe santificadora, la máxima expresión de la fe, el ofrecimiento de Isaac

Llegamos al pináculo de la fe en el ofrecimiento de Isaac. Para apreciar la profundidad y la anchura de la fe de Abraham vale la pena volver a percatarnos de lo que Dios le pidió. A la edad de 99 años habiéndose perdido toda esperanza de lo humano con respecto a un hijo, en el momento oportuno Jehová le pidió lo imposible: *"Aconteció después de estas cosas* (la salida de Hagar y el pacto con Abimelec), *que probó a Abraham, y le dijo: Abraham... toma ahora tu hijo, tu único, Isaac, a quien amas, y vete a la tierra de Moriah, y ofrécelo allí en holocausto sobre uno de los montes que te diré"* (Génesis 22:1, 2).

Las implicaciones que debieran haber asaltado a Abraham, no las podemos imaginar. Pero de repente obedeció. Su confianza y su reposo en la voluntad de Dios tan imposible de reconciliar se ve en las órdenes dadas a sus siervos: *"Esperad aquí con el asno, y yo y el muchacho iremos hasta allí y* **adoraremos**, *y* **volveremos** *a vosotros"* (22:5). Más penosamente debiera haber sido la pregunta de Isaac mismo: *"Padre mío... he aquí el fuego y la leña; mas ¿dónde está el cordero para el holocausto? Y respondió Abraham; Dios se proveerá de cordero para el holocausto, hijo mío. E iban juntos"* (22:7-8).

En aquellos momentos se daba cuenta Abraham que todo lo prometido por Dios dependía de que viviera Isaac a quien había esperado los 25 años. Ahora el eje de la promesa del pacto en el que creía estaba en **tela de duda y aun en posible fracaso. Pero el autor de Hebreos nos da una vislumbre del razonamiento de la fe:** *"Por la fe Abraham, cuando fue probado, ofreció a Isaac; y el que había recibido las promesas ofrecía su unigénito, habiéndosele dicho: en Isaac te sería llamada descendencia; pensando que Dios es poderoso para levantar aun de entre los muertos, de donde, en sentido figurado, también le volvió a recibir"* (Hebreos 11:17-19).

¡Abraham por pura fe ya lo había entregado a muerte, sabiendo que siendo Dios fiel a su promesa tendría que resucitarlo y devolvérselo! ¡Ésta es la lógica forzosa de confiar en Dios!

La respuesta de Dios a Abraham nos llama la atención: *"Abraham, Abraham... Heme aquí... No extiendas tu mano sobre el muchacho, ni le hagas nada; porque* **ya conozco** *que temes a Dios, por cuanto no me rehusaste tu hijo, tu único"* (22:11, 12).

Y conocemos el resto de la historia; hubo a tiempo un sustituto. Abraham nombró el lugar *"Jehová proveerá (Jehová-jireh). Por tanto se dice hoy: En el monte de Jehová será provisto"* (22:14). El Señor Jesús como el Ángel de Jehová le confirma por cuarta vez el Pacto Abráhamico (Génesis12:1-3; 15:4-21; 17:4-21; 22:16-18).

La fe verdadera se confirmó en la obediencia, dando evidencia irrefutable de que la fe salvífica siempre mueve la mano de Dios para cumplir con la promesa, a la vez base objetiva de la fe.

La grandeza del Calvario *virtual:* Moriah una prefiguración del Gólgota

No es nada difícil ver anticipadamente en este pináculo de fe, la muerte vicaria de nuestro Señor Jesucristo. En el caso de Abraham hubo un substituto, un cordero que tomó el lugar de Isaac. Pero en la actualización en macro del Calvario, el unigénito hijo de Dios tuvo que morir él mismo. Bebió hasta la última gota de la copa de la ira de Dios. *"Ahora está turbada mi alma; ¿y qué diré? ¿Padre, sálvame de esta hora? Mas para esto he llegado a esta hora. Padre, glorifica tu nombre"* (Juan 12:27-28a).

Con razón Jesús dijo de este evento histórico: *"Abraham vuestro padre se gozó de que había de ver mi día; y lo vio, y se gozó... Jesús les dijo: De cierto, de cierto os dijo: antes que Abraham fuese, yo soy"* (Juan 8:56-58). Al decir Jesús: YO SOY tomaron piedras para apedrearlo y salió en medio. Aquí tenemos la confirmación concreta de este evento y la crucifixión de Jesús. Abraham fue honrado, como el padre de la fe, al acercarse más a la realidad del Calvario, la muerte expiatoria de nuestra salvación.

La fe santificadora: el reposo de la fe - Romanos 4:21-25

Volviendo al texto en Romanos 4, Pablo describe la máxima expresión de la fe cuando dice: *"Tampoco dudó, por incredulidad, de la promesa de Dios, sino que se fortaleció en fe, dando gloria a Dios, plenamente convencido de que era también poderoso para hacer todo lo que había prometido"* (vv.20-21). En esta frase se puede ver la chispa de luz elaborada en Hebreos de que la resurrección tendría que ser la máxima expresión del poderoso Dios.

Hasta aquel tiempo había existido una resurrección temporal (Lázaro), pero nunca una resurrección transformadora a nivel de la consumación divina de la muerte de Jesús. Tal es la fuerza explosiva de la verdadera fe que reposa en Dios para llevar a cabo a su tiempo su promesa. En ese reposo no existe ni la duda ni la impaciencia nuestra.

Hemos llegado al pináculo de la fe. Pocos de nosotros hemos ascendido a este nivel, pero en su esencia vemos la realidad de la santificación, la vida de victoria que Dios le va dando a su hijo que crece diariamente en la fe. Es un proceso de madurez; a veces se dan unos pasos para delante y un paso para atrás.

Pero la esencia de la vida cristiana es **Cristo en nosotros esperanza de gloria** (Colosenses 1:27). Permanecemos en él. No es como tantas veces se oye: "Tengo que hacer la lucha, esforzarme más"; no es el mejor esfuerzo mío, no es ni más doctrina teoría, ni educación avanzada, ni fiel servicio sino una cada vez más profunda dependencia de Dios.

Con razón Cristo dijo: *"**Venid** a mí todos los que estáis trabajados y cargados, y yo os haré **descansar**. **Llevad** mi jugo sobre vosotros, y **aprended** de mí, que soy manso y humilde de corazón; y **hallaréis descanso** para vuestra almas; porque mi yugo es fácil, y ligera mi carga"* (Mateo 11:28-30). Se puede aplicar al venir inicial del incrédulo en la justificación, pero más bien se aplica a cada creyente en cada acercamiento a Jesús. Hay tres órdenes: **Venid** a mí, **Llevad** mi yugo, **Aprended** de mi -—humildad. El resultado siempre es el regalo de descanso y con la fe **hallaremos** precisamente el reposo que describe la vida victoriosa en Cristo.

Hebreos remacha la misma esencia: *"Por tanto, queda un reposo para el pueblo de Dios. Porque el que ha entrado en su reposo, también ha reposado de sus obras, como Dios de las suyas"* (Hebreos 4:9, 10). Romanos 4, con su énfasis en los dos aspectos de la fe, pone el cimiento para el resto de Romanos, el puro disfrute de la victoria de Cristo por estar unido a Él en muerte al viejo "yo" pero vivo para Dios en Cristo Jesús (Romanos 6:11-14).

Capítulo 10

Una mirada hacia atrás y otra adelante en la meta de la santidad
Romanos 5:1-8

Pablo ha llegado a la mitad del camino hacia su meta en Cristo. Las palabras del apóstol no podrían ser mejores, especialmente cuando se trata de enunciar su propósito como heraldo del Salvador: *"A quien anunciamos, amonestando a todo hombre, y enseñando a todo hombre en toda sabiduría, a fin de presentar perfecto en Cristo Jesús a todo hombre"* (Colosenses 1:28).

Después de una condenación total del ser humano por su depravación en Romanos 1:18-3:20, Pablo ha presentado la gracia sublime de Dios Padre en hallar la manera —en gracia— de salvar *"al impío que cree"*. Era un sacrificio costoso, nada menos que la muerte de su amado hijo puesto como propiciación por nuestros pecados (Romanos 3:25).

La muerte de Cristo satisfizo de una vez por todas las demandas de la santidad de la ley de Dios. Él, en gracia, proveyó el *"kófer"* o el precio de rescate. Fue la sangre de Cristo, su abundante amor, lo que hizo posible el perdón de todos nuestros pecados, y una vez restaurados nos llevó a ser *herederos de Dios y coherederos con Cristo*. En la justificación del *"impío que cree"* Dios nos declara o nos cuenta tan justos como su propio hijo; llevamos puesta la misma justicia de Dios en Cristo. Nuestra **posición** en Cristo es irrevocable, permanente y final. El Juez supremo ya ha hablado. Nada más queda por hacer.

En Romanos 4 Pablo ha ilustrado la realidad de la justificación de Abraham quien vivió antes de la ley y la de David quien vivió después de la ley. De esta manera, Dios efectivamente estableció la justificación por gracia y no por las obras de la ley. Pero Pablo hace algo más con respecto a la fe en este capítulo. Abraham creyó y obedeció a Dios (Hebreos 11:8) estando aun en Ur de los caldeos, al recibir el Pacto Abráhamico a la edad de 75 años. Unos años después de varias equivocaciones, se le apareció para confirmar el pacto y *"creyó a Dios y le fue contado por justicia"* (Génesis 15:6).

A la edad de 99 años, Dios le dio a Abraham el rito de la circuncisión como señal de la fe (Génesis17:1-16); y a la misma edad, le anunció el nacimiento de Isaac. Aun después, él le pidió que sacrificara a Isaac en holocausto (Génesis 22:10-18). ***Este proceso nos enseña que la fe no es un simple acto pasado sino una actitud muy presente que nos conduce a la santidad.*** Nos lleva a una **condición** de santidad, la cual es la meta de Dios en nuestra salvación.

Cinco bendiciones nuestras - Romanos 5:1-5

Después de este recorrido del evangelio (Romanos 1:16, 17), Pablo se detiene ahora por un rato para contemplar la obra grandiosa de Dios al salvar al *"impío que cree"*. Dios ha establecido la base de la vida cristiana que es la justificación; en cierto sentido, podemos decir que la justificación abarca la totalidad de la obra salvífica —dándole una base forense o jurídica.

En otro sentido es como el cimiento firme y estable. Pero un cimiento no es en sí mismo la meta; la meta es más bien la construcción de la casa entera: las paredes, el techo y los muebles que dan protección y albergue. Así en la vida cristiana nuestro andar diario es la nueva condición de la santidad que Dios nos provee como un don.

Pablo mismo hace esta distinción del fundamento y la casa en 1 Corintios 3:11-13: *"Porque nadie puede poner otro fundamento que el que está puesto, el cual es Jesucristo. Y si sobre este fundamento alguno edificare oro, plata, piedras preciosas, madera, heno, hojarasca, la obra de cada uno se hará manifiesta; porque el día la declarará, pues por el fuego será revelada; y la obra de cada uno cuál sea, el fuego lo probará"*.

La primera bendición: **paz** para con Dios. Se reza mejor: "habiendo sido justificado" expresa la voz pasiva y el participio aorista/pasado. Esto indica algo ya logrado de una vez y que permite dichos resultados a favor nuestro. El primero es por la fe, la fe ilustrada tan activamente en Abraham; nos permite tener paz con Dios. Hay otra variante que se traduce: "tengamos paz" que deja la idea de que está al alcance nuestro y nos corresponde aprovechar las plenas bendiciones de la justificación. Antes era guerra y separación de Dios, pero ahora queda la aceptación divina y la plena reconciliación en Cristo. Esto marca un nuevo emprender en unión con Dios.

La segunda bendición: **entrada** en la gracia divina. En el Antiguo Testamento la entrada en el lugar santo del tabernáculo era una vez por año en el Día de la expiación y sólo por un hombre, el sumo sacerdote *"No en todo tiempo entre en el santuario tras el velo"* (Levítico 16:2). El acceso era muy limitado, pero en agudo contraste Dios nos invita ahora a entrar: *"Acerquémonos, pues, confiadamente al trono de la gracia, para alcanzar misericordia y hallar gracia para el oportuno socorro"* (Hebreos 4:16).

La tercera bendición: **firmeza** en esta gracia. Dios está a favor nuestro. Toda duda, todo temor se nos ha quitado. *"Si Dios es por nosotros, ¿quién contra nosotros?"* (Romanos 8:31). Esta frase suena como las palabras de Caleb y Josué frente al informe negativo de los diez espías: *"Si Jehová se agradare de nosotros, él* *nos llevará a esta tierra, y nos la entregará; tierra que fluye leche y miel. Por tanto, no seáis rebeldes contra Jehová, ni temáis el pueblo de esta tierra; porque nosotros los comeremos como pan; su amparo se ha apartado de ellos, y con nosotros está Jehová; no los temáis"* (Números 14:8, 9).

La cuarta bendición: **esperanza** en la cual nos gloriamos. El pasado triste ha sido borrado definitivamente; el presente nos garantiza la paz, la confianza, la entrada y la firmeza en la gracia, pero aun más, el futuro nos es seguro en todo sentido. ¿Qué más podemos pedir? Una de las preguntas más perturbadoras es: ¿Qué viene después de la muerte? Esta interrogativa aflige a cada ser humano. Pero para el justificado no existe la menor duda ni temor. Pablo afirma: *"Porque para mí el vivir es Cristo, y el morir es ganancia"* (Filipenses 1:21). *"Ausentes del cuerpo, presentes al Señor"* (2 Corintios 5: 8).

La quinta bendición: nos gloriamos en **tribulaciones.** De repente parece cambiar las bendiciones en problemas. No nos caen bien las tribulaciones, las cosas injustas, difíciles y contrarias. Pero aquí está la dinámica de la vida en unión con Cristo. Nótese como Pablo lo expresa. Hay un doble regocijo en el futuro garantizado y ya en el presente el carácter nuestro va siendo transformado a la imagen de Cristo.

No es tan sólo un regocijo sino un gloriarse, un exaltarse. Viene en forma de apelar a nuestra voluntad. Es el modo subjuntivo: gloriémonos y exaltémonos. Esto parece imposible y lo es en la carne, en las fuerzas nuestras. Pero Pablo lo afirma que sí podemos aceptar de la mano de Dios todo lo que nos manda. Basta su gracia.

Pablo sigue explicando el cómo realizar este cambio de carácter mediante el uso de un gerundio, *"sabiendo"*. El beneficio de la prueba no aparece de inmediato sino después de haber aguantado la tribulación en fe, dependiendo en el Señor y recibiendo de él las fuerzas. Esto toca la mentalidad o la actitud de fe en la cual debemos hacer frente a toda tribulación.

Romanos

El proceso del crecimiento en gracia - Romanos 5:3, 4

Con esta perspectiva de confianza y fe ponemos en marcha una serie de pasos que resultan en la confirmación de nuestra fe y el cambio de nuestro carácter más y más como el de Cristo. En otra porción Pablo lo explica en términos positivos: *"Por tanto, nosotros todos, mirando a cara descubierta como en un espejo la gloria del Señor, somos transformados de gloria en gloria en la misma imagen, como por el Espíritu del Señor. Por lo cual, teniendo nosotros este ministerio —el del Espíritu— según la misericordia que hemos recibido, no desmayamos"* (2 Corintios 3:18; 4:1).

Examinemos más de cerca este proceso del crecimiento o maduración espiritual. Esto es crecer en gracia y el conocimiento de nuestro Señor Jesucristo según Pedro (2 Pedro 3:18). Esta verdad de Romanos 5:3 es una anticipación de Romanos 8:28, 29: *"Y sabemos que a los que aman a Dios, todas las cosas les ayudan a bien, esto es, a los que conforme a su propósito son llamados... para que fuésemos hechos conformes a la imagen de su Hijo, para que él sea el primogénito entre muchos hermanos"*.

¿Cuál es el proceso o el ciclo de crecimiento? Primero, en la tribulación, lo duro y lo difícil de aceptar viene acompañado de un aprendizaje de **paciencia.** La paciencia es la habilidad de retener nuestra confianza en tiempos contrarios. Pobre José fue vendido a la edad de diecisiete años por sus propios hermanos. ¡Qué injusticia! Pasó trece largos años sufriendo la afrenta y rechazo, pero después Dios lo levantó. Dios perfeccionó su paciencia.

La paciencia en turno produce la **prueba o experiencia.** Habiendo pasado lo más duro por fe, uno asimila una nueva perspectiva, viendo que Dios, al final de cuentas, es capaz de llevarnos adelante. Luego la experiencia se va transformando en una **esperanza nueva y más profunda**, habiendo sido realizado el propósito divino que puso en marcha originalmente el benéfico plan de Dios. La historia de Job en el Antiguo Testamento es un monumento que nos recuerda que Dios da la doble bendición por cualquier golpe o prueba que permiten su amor y misericordia.

Un testimonio personal de que la tribulación produce la esperanza

Con el transcurso de los años he aprendido la verdad práctica de este proceso de gloriarme en las tribulaciones. A la edad de treinta años, habiendo llegado a RGBI (1954), hicimos frente a una prueba muy grande. Los médicos descubrieron que yo traía un tumor en la tiroides, era del tamaño del dedo pulgar. El primer diagnóstico tentativo del especialista fue bastante negativo: "Usted tiene cáncer". Me explicó que en esa parte del cuerpo, tan cerca de las glándulas linfáticas, podría extenderse muy rápido. Me dio seis meses de vida, con la condición de que sólo una operación determinaría la decisión final.

Tuve que esperar dos semanas para la intervención quirúrgica. Durante ese tiempo tuvimos que tomar decisiones. Mi esposa estaba embarazada con la última de nuestras hijas y yo, posiblemente, no la vería a ella. Pero lo que me sustentaba era esto: Dios es bueno y no puede hacerme nada malo.

Los doctores habían dicho que si la operación duraba una hora y media saldría bien con mis cuerdas vocales, si la cirugía era de tres o cuatro horas tendría daños irreparables en mi voz. En esos años apenas estaba empezando a dar mis primeras clases en español. Mi futuro quedó oscuro a tal edad.

Gracias a Dios al operarme descubrieron que el tumor estaba todavía encapsulado y me lo quitaron. Resultó que tenía las cuerdas vocales a pesar de que ya tenía la garganta medio paralizada por el polio que se me había dado antes. Con gusto sirvo a Dios con dichas limitaciones. Al fin de cuentas, nos gloriamos en la tribulación y echamos mano a nuestro nuevo ánimo, aprendiendo a confiar más en Dios. ¡Eso me pasó hace cincuenta y cuatro años!

La últimas dos bendiciones magníficas - Romanos 5:5

La sexta bendición: **el amor de Dios.** Ahora Pablo nos da la cumbre de la gracia de Dios en la vida cristiana. Las demás nos llegan como grandes bendiciones, pero estas dos últimas bendiciones no tienen comparación; son los móviles grandes para el disfrute de todo lo que tenemos en Cristo Jesús. Son de la esencia de Dios mismo, su atributo principal que acompaña la otra, la santidad y la tercera persona de la Trinidad. ¡Qué más pudiéramos pedir o recibir! El texto dice claramente que el amor de Dios derramado en nosotros por el Espíritu Santo es lo que realiza en nosotros la obra salvífica de Dios. Dice el texto bíblico: *"Y la esperanza no avergüenza; porque el amor de Dios ha sido derramado en nuestros corazones por el Espíritu que nos fue dado"* (Romanos 5:5).

Es muy sorprendente que sea la primera vez en el libro de Romanos que Pablo menciona textualmente el amor de Dios, con la excepción de una referencia de paso *"por el amor de su nombre"* en la introducción (1:5). Claro habla implícitamente del amor de Dios en poner a su hijo como propiciación por nosotros. Pero lo dice con referencia a satisfacer la ley.

Debemos tomar muy en cuenta la perspectiva del Espíritu Santo al presentar el evangelio. Dios es amor (1 Juan 4:8), pero a causa de la caída del hombre, Dios no pudo manifestarle su amor, un atributo principal. Ya resuelto el problema ante la santa ley de Dios que exigía la perfección, ahora sí que pudo expresar ese amor. Fue resuelto ese problema de una vez para siempre por el *"kófer"* o precio de rescate, la muerte expiatoria de Jesús. Pero una vez aceptada la propiciación de Jesús, el *"impío que cree"* es declarado tan justo como Cristo mismo. Ya *"somos herederos con Dios y coherederos con Cristo"* (8:17).

El apóstol ubica el amor de Dios en su plan de salvación al darnos la magnificencia de tal amor. *"Porque Cristo, cuando éramos débiles, a su tiempo murió por los impíos. Ciertamente apenas morirá alguno por un justo; con todo, pudiera ser que alguno osara morir por el bueno. Mas Dios muestra su amor para con nosotros, en que siendo aún pecadores, Cristo murió por nosotros"* (Romanos 5:6-8).

Semejante amor nunca se ha visto antes ni será visto después. En la esfera humana es totalmente imposible. Con mucha razón Juan ha dicho: *"Porque de tal manera amó Dios al mundo que ha dado a su Hijo unigénito, para que todo aquel que en él cree, no se pierda, más tenga vida eterna. Porque no envió Dios a su Hijo al mundo para condenar al mundo, sino para que el mundo sea salvo por él"* (Juan 3:16, 17).

La séptima bendición: **el Espíritu Santo.** La tercera persona de la Trinidad es el ejecutor de toda la obra de Dios en el mundo y en el creyente. El Espíritu Santo convence al mundo del pecado. *"Y cuando él venga, convencerá al mundo de pecado, de justicia y de juicio"* (Juan 16:8). El Espíritu Santo regenera e imparte vida eterna por medio de la Palabra de Dios. *"El Espíritu es el que da vida; la carne para nada aprovecha. Las palabras que yo os he hablado son espíritu y vida"* (Juan 6:63).

Se debe aclarar que el original dice: *"habiendo sido dado Espíritu"* (5:5) dándonos a entender que nos fue dado de una vez; no tenemos que buscar más de él ni otra experiencia con él. Lo interesante es que Romanos 5:1 dice: *"Habiendo sido justificado"*, aquí empieza con el participio aoristo/pasado pasivo y termina esta sección con la misma construcción. Esto quiere decir que tanto la justificación como la llegada del Espíritu son eventos ya pasados y concurrentes en sí. **Además coincidieron en el mismo momento en que pusimos nuestra fe en Cristo nuestra propiciación.** Siendo el Espíritu Santo una persona no podemos recibir menos que el mismo.

En esta breve contemplación o mirada para atrás, Pablo nos impacta con la gravedad del pecado del hombre, pero cancelado por la muerte eficaz de Cristo. Toda la salvación fue por gracia, medio proveedor a través de la sangre, medio meritorio y por la fe, medio divino/humano. Ahora tenemos una **nueva posición** firme ante el Juez justo, y a la vez el Espíritu Santo en la regeneración nos imparte, nos otorga la vida eterna por la Palabra de Dios, dándonos una **nueva condición.** El edificará en nosotros la nueva vida de Cristo quien ahora mora en nosotros. Con base en esta nueva posición legal y objetiva y la nueva condición moral y subjetiva, el Espíritu Santo hará su obra de santificación, el próximo tema que en breve ocupará a Pablo.

Capítulo 11

Cruzando el 'puente' para llegar a la "tierra prometida"
Romanos 5: 9- 15

Todo lo que Pablo ha escrito bajo la inspiración del Espíritu Santo apunta hacia el tema de la santidad, la plenitud del Mensaje de la Cruz en la vida del creyente para la gloria de Dios Padre. Pablo desarrolla el triunfo de la gracia de Dios desde la síntesis del evangelio (Romanos 1:16, 17) hasta la condenación del ser humano (Romanos 1:18-3:20), seguido de la maravillosa obra expiatoria de Cristo en Gólgota (Romanos 3:21-31).

El apóstol, en su mensaje, expone la obra de la cruz bajo la gracia de Dios, el medio proveedor; a través de la sangre, medio meritorio y, finalmente, la fe como medio alcanzador. Pablo ilustra el papel de la fe en la vida de Abraham y David como la base de la justificación, luego nos muestra el desarrollo de la misma fe de Abraham hasta su santificación. Ahora nos ha preparado para el próximo gran paso: la santificación, la meta final de Dios al declararnos justos delante de Él.

La base de la santificación

Hemos visto como Pablo ha magnificado la gracia de Dios en proveer una salvación tan grande (Hebreos 2:3). Tomando la materia prima de Adán, la cual resulta inútil y corrupta, la condenó de una vez en la Cruz (Romanos 6:6, 8:3) y con base en la muerte de Cristo nos declara justos, al igual que su amado Hijo. A la vez, por el milagro de la regeneración, nos otorga la vida eterna por el Espíritu Santo y la Palabra de Dios (Romanos 5:5).

En la justificación nos da la **posición** segura y jurídica y en la regeneración nos imparte la vida eterna, una nueva **condición** moral. Estas dos doctrinas son "gemelas", siempre van acompañadas, dándonos un buen balance entre lo objetivo y lo subjetivo. Con esta nueva dinámica impartida en nosotros, podemos afirmar con toda confianza: *"Cristo en nosotros esperanza de gloria"*.

El Espíritu Santo nos irá haciendo santos como él es santo. ¡Qué transformación y maravilla de su gracia! La justificación nos concede nuestra nueva posición jurídica y la regeneración pone en marcha la obra del Espíritu que resulta en la santificación, un proceso de andar por fe unido al Crucificado.

Un vistazo preliminar hacia la obra santificadora de la Cruz en el creyente

La santificación del creyente es la obra óptima del Espíritu Santo. La vida cristiana parte de la justificación, pero sigue adelante bajo la iluminación del Espíritu Santo. Pablo, al escribir a la iglesia de Éfeso, exalta la gracia de Dios en una larga doxología que magnifica *"la alabanza de la gloria de su gracia"* (Efesios 1:3-12).

El espectro de la gracia de Dios empieza con la iniciativa de la voluntad de Dios Padre *"para la alabanza de la gloria de su gracia"* (Efesios 1:6), seguida de la obra del Hijo de Dios en nosotros *"a fin de que seamos para alabanza de su gloria"* (1:12) y cumplida la obra del Espíritu Santo en la realización de *"la posesión adquirida para alabanza de su gloria"* (1:14). Tome nota de la repetición tres veces del enfoque en ***"para alabanza de su gloria"***.

Es muy significativo que Pablo siga esta doxología al Dios Trino con una ferviente oración por los efesios: *"No ceso de dar gracias por vosotros, haciendo memoria de vosotros en mis oraciones, para que el Dios de nuestro Señor Jesucristo, el Padre de gloria, os dé espíritu de sabiduría y de revelación en el conocimiento de él, alumbrando los ojos de vuestro entendimiento, para que sepáis cuál es la esperanza a qué él os ha llamado, y cuáles las riquezas de la gloria de su herencia en los santos, y cuál la supereminente grandeza de su poder para con nosotros los que creemos, según la operación del poder de su fuerza...*" (Efesios 1:16-20).

Estos versículos son los más profundos del cómo de la santificación, enseñándonos que sólo el Espíritu es quien nos hace conocer la realidad de nuestra unión con Cristo. Es la obra del Espíritu con base en la Cruz; sólo nos toca abrirnos a tal iluminación y dejar que él haga la obra santificadora en nosotros por la fe.

Desde el punto de vista de Dios, toda la obra divina de gracia está basada en la cruz, apropiada por nosotros mediante la fe. Aquí vemos que tanto la santificación como la justificación son realizadas sólo por la fe. No valen de ninguna manera los esfuerzos nuestros, mucho menos las obras nuestras. Pero según el punto de vista humano puede haber una serie de tratos de Dios a nivel individual **alumbrando nuestros ojos espirituales para quebrantarnos, revelando en términos muy personales la inutilidad de nuestra carne.**

Jesús no puede revelar la grandeza de su gracia sin un correspondiente quebrantamiento nuestro. Juan el Bautista lo dijo acertadamente: *"Es necesario que él crezca, pero que yo mengüe"* (Juan 3:30). Aquí entra la necesidad de aceptar y creer nuestra identificación con Cristo en muerte al pecado y en nueva vida resucitada. El *fiat* o fallo final es Romanos 6:6: *"Sabiendo* —o conociendo, según el texto inspirado—*esto, que nuestro viejo hombre fue crucificado con él, para que el cuerpo de pecado sea destruido* —anulado, cancelado— *a fin de que no sirvamos más al pecado"*.

Mi mentor espiritual, Dr. F. J. Huegel, decía que Romanos 6:6 es "el evangelio para los evangélicos". Decía que Romanos 6: 6 es la **Carta Magna de la Libertad** (la Carta Magna fue firmada por el Rey Juan bajo la presión de los nobles y duques en 1215 en Runnymede, Inglaterra; fue el primer paso hacia la democracia en el mundo occidental que resultó en la libertad política). *Sin nuestra identificación por fe en su muerte no podemos participar en su vida resucitada.*

El puente desde la justificación hasta la santificación - Romanos 5:9-11

Después de la mirada hacia atrás y adelante en Romanos 5:1-8, Pablo nos va a introducir muy a fondo cómo el Espíritu Santo obra en el creyente con el fin de transformarlo más y más a la misma imagen de Cristo. Estos tres versículos (Romanos 5:9-11) son un puente que cruzamos en el andar desde el perdón de nuestros pecados hasta una victoria práctica sobre el poder el pecado.

Estos versículos, al igual que el puente, tienen un soporte en un lado del río y otro en la otra orilla. Pablo razona desde la obra de Cristo *"el cual nos ha librado de la potestad de las tinieblas, y trasladado al reino de su amado Hijo"* (Colosenses 1:13). Así, creciendo en gracia, edificamos nuestra vida espiritual y vamos pasando de la nueva posición (justificación) a la nueva condición moral (regeneración/santificación).

Pablo, ahora, escribe un anuncio bien importante que empieza con la palabra "pues", ésta sirve de conjunción y, con base en lo dicho anteriormente, se puede deducir una conclusión lógica. *"Pues **mucho más** estando ya justificados en su sangre, por él seremos salvos de la ira"* (5:9). Se aprovecha de un argumento a *fortiori*, es decir, a la fuerza; es un argumento que con base en alguna premisa ya bien establecida puede introducir una premisa mayor pero ya bien sostenida por esa premisa o base indiscutible.

La primera premisa, base del pasado: la muerte y la sangre de Cristo - Romanos 5:9

La premisa ya establecida indiscutiblemente es sin duda alguna ya justificados por el *"kófer"* o el precio de rescate pagado como propiciación (Romanos 3:25). No podemos quedar jamás bajo la ira de Dios. Pablo ha probado que la ira contra nuestro pecado ya cayó de una vez para siempre en su amado Hijo. Para quien ha sido justificado no queda ninguna ira, ni presente ni futura. Esto es un resumen de Romanos 3 y 4.

La segunda premisa, base para el andar futuro: la resurrección de Cristo - Romanos 5:10

Habiendo establecido la primera premisa de nuestra justificación en Romanos 5:9 con base en el valor infinito de esa sangre preciosa, Pablo introduce otro argumento a *fortiori*, un nuevo argumento que es mayor que el primero. *"Porque si siendo enemigos, fuimos reconciliados con Dios por la muerte de su Hijo, **mucho más**, estando reconciliados, seremos salvos por su vida"* (5:10).

Con base en la firmeza de nuestra justificación, Pablo razona que nuestra santificación resulta en tal base pero con una verdad nueva. Si la muerte de Jesús dio la justificación ante Dios, **la vida resucitada de Cristo viene siendo la nueva dinámica para el crecimiento del creyente en santidad a la imagen de Cristo.**

Es bueno tomar nota del avance del argumento. En Romanos 5:9 el **mucho más** de la justificación es seguido por el segundo **mucho más** de nuestra santificación. En los capítulos anteriores Pablo ha enfatizado la muerte, la sangre de Jesús. Se ha tomado por dada la resurrección, pero en los capítulos que siguen (Romanos 5:12-8:39) la muerte queda siempre eficaz. La resurrección es, entonces, el nuevo enfoque que nos garantiza que nada menos que la misma vida de Cristo será el motor, la dinámica de la verdadera santidad.

El primer Adán quedó juzgado y muerto en la cruz para que el Postrer Adán tome control y se manifieste en la vida del creyente. *"Así también está escrito: Fue hecho el primer hombre Adán alma viviente; y el postrer Adán, espíritu vivificante. Mas lo espiritual no es primero, sino lo animal; luego lo espiritual"* (1 Corintios 15:45, 46). Claro no hay ninguna intención de separar la muerte de Cristo de su resurrección. Al contrario, fue la muerte la que dejó nulo el poder del viejo hombre, el Primer Adán. La muerte representativa o judicial del creyente sigue en pie para tratar efectivamente con la resistencia de la carne en el creyente. Esta verdad será el tema del próximo estudio (Romanos 5:12-21).

El cambio de énfasis significante dado a la resurrección, sin dejar a un lado la muerte, nos ofrece la fuente o el manantial de la misma vida de Cristo. Con razón Pablo exclama: *"Con Cristo estoy* (he sido crucificado —voz pasiva, presente perfecto, modo indicativo— más acertado al tiempo original) *juntamente crucificado, y ya no vivo yo, mas vive Cristo en mí; y lo que ahora vivo en la carne, lo vivo en la fe del Hijo de Dios, el cual me amó y se entregó a sí mismo por mí"* (Gálatas 2:20).

El colmo de la Cruz: nos gloriamos en Dios - Romanos 5:11

Como si esta verdad de nuestra unión con Cristo fuera el colmo de la victoria de la Cruz, Pablo señala en Romanos 5:11 algo aun más maravilloso: *"Y no sólo esto, sino que también nos gloriamos en Dios por el Señor nuestro Jesucristo, por quien hemos recibido ahora la reconciliación"* (5:11). Ésta es la tercera vez que Pablo usa el verbo "gloriarse".

Primero *"nos gloriamos en la esperanza"* (5:2). Esto lo podemos entender muy bien. Después de la condenación por nuestro mal, el que se nos ofrezca un futuro glorioso debe ser de pura gracia. No nos cuesta gloriarnos en lo que nos llega en su plena misericordia.

Pero la segunda vez Pablo dice: *"nos gloriamos en las tribulaciones"* (5:3). Eso nos cae mal y parece increíble. En el andar por fe, a través de la dinámica de la Cruz, después de las tribulaciones experimentamos el fruto de la fidelidad de Dios, una esperanza no avergonzada.

El autor inspirado de Hebreos está de acuerdo: *"Es verdad que ninguna disciplina al presente parece ser causa de gozo, sino de tristeza; pero después da fruto apacible de justicia a los que en ella han sido ejercitados"* (Hebreos 12:11). La participación en los *padecimientos de Cristo* es un hito valioso que podemos alcanzar (Filipenses 3:10).

Pablo exalta: *"Ahora me gozo en lo que padezco por vosotros, y cumplo en mi carne lo que falta de las aflicciones de Cristo por su cuerpo, que es la iglesia"* (Colosenses 1:24). Es un honor servir, pero también es un honor sufrir. Tales sufrimientos son los que producen en el creyente la imagen de Cristo; sin embargo, es sólo en aquellos *que han sido ejercitados en ellos.*

Por tercera vez Pablo dice: *"nos gloriamos en Dios por el Señor nuestro Jesucristo"* (5:11). El apóstol va contando en aumento las razones que nos corresponden. La suma grandeza de este tercer gloriarse es que nos gloriamos en Dios mismo. No hay nada mejor ni mayor que devolverle a Dios la gloria. Ser beneficiarios de la justificación y luego de la santificación merece la gratitud, pero devolverle las coronas y ponerlas a los pies de Jesús será el pináculo de nuestra existencia eterna. *"Y decían a gran voz: El Cordero que fue inmolado es digno de tomar el poder, las riquezas, la fortaleza, la honra, la gloria y la alabanza"* (Apocalipsis 5:12).

El puente termina en la cúspide cuando dice: *"por quien hemos recibido ahora la reconciliación"* (5:11). No hay término teológico más inclusivo que la reconciliación. Implica que después de la caída del primer Adán, el triunfo de Génesis 3:15 ha sido logrado. Dios le había dicho a la serpiente, el diablo: *"Y pondré enemistad entre ti y la mujer, y entre su simiente y la simiente suya; ésta te herirá en la cabeza, y tú le herirás en el calcañar".*

Este dicho divino se oyó en el mero momento de la caída de nuestros primeros padres. Dios anunció a la simiente de la mujer su triunfo en la Cruz en la cual le daría un golpe fatal acabando con el poder del diablo sobre sus súbditos. Cristo mismo dijo días antes de la crucifixión: *"Ahora es el juicio de este mundo; ahora el príncipe de este mundo será echado fuera. Y yo, si fuere levantado de la tierra, a todos atraeré a mí mismo"* (Juan 12:31, 32).

"Así que, por cuanto los hijos participaron de carne y sangre, él también participó de lo mismo, para destruir por medio de la muerte al que tenía el imperio de la muerte, esto es, al diablo, y librar a todos los que por el temor de la muerte estaban durante toda la vida sujetos a servidumbre" (Hebreos 2:12, 13). Así era el gran plan divino del Padre y su Hijo y por fin triunfaron. Pablo lo llama *"Nos gloriamos en Dios por el Señor nuestro Jesucristo, por quien hemos recibido ahora la reconciliación"* (5:11).

El triunfo final de la reconciliación en Cristo - 2 Corintios 5: 18-20

Queda un uso final de la palabra "reconciliación". Dios nos ha llamado a llevar esa reconciliación al mundo perdido. *"Y todo esto proviene de Dios, quien nos reconcilió consigo mismo por Cristo, y nos dio el ministerio de la reconciliación; que Dios estaba en Cristo reconciliando consigo mismo al mundo, no tomándoles en cuenta los hombres sus pecados, y nos encargó a nosotros la palabra de la reconciliación. Así que, somos embajadores en nombre de Cristo, como si Dios rogase por medio de nosotros; os rogamos en nombre de Cristo: Reconciliaos con Dios"* (2 Corintios 5:18-20).

En Romanos 5:12-21, Pablo entrará en gran detalle en la historia del origen del mal inherente en el ser humano y cómo la cruz de Cristo y nuestra muerte judicial en él viene siendo el remedio divino y eficaz para una vida de verdadera victoria sobre el "yo". Esta lucha es el gran problema práctico del creyente. Muchos se frustran y se dan por vencidos en tal lucha.

Esta porción clave pone el cimiento para el resto del estudio de la santificación. Realmente es una porción pocas veces apreciada como se debe. Que Dios nos ilumine el corazón para creer la verdad: estamos unidos a Cristo en muerte al viejo "yo" y ahora estamos vivos para Dios en Cristo Jesús.

Capítulo 12

La cruz: el golpe fatal al pecado - ¿Quién reina, Adán o Cristo?

Romanos 5: 12-14

Cristo mora en nosotros por medio del Espíritu Santo. El capítulo 5 de Romanos nos introduce de lleno en este tema culminante de la salvación. Toda esta maravillosa obra salvífica queda basada firmemente en la obra consumada en la Cruz. No hay duda: Jesucristo en nosotros esperanza de gloria.

Pablo echó un vistazo hacia atrás al fundamento puesto, la justificación (Romanos 3:21-4:25). Luego establece las siete bendiciones del presente: paz, entrada, firmeza, esperanza futura, aflicciones que resultan en la esperanza puesta a prueba, el amor de Dios derramado en nuestro corazón y por fin el toque final, el Espíritu Santo dado libremente (Romanos 5:1-8).

En Romanos 5:9-11, Pablo nos prepara para cruzar el "puente" desde la base de la salvación, la justificación, para poder entrar de lleno en el gran porqué de la salvación, nuestra semejanza a la imagen de Cristo. Se destaca la frase **Mucho Más** mencionada dos veces en tres versículos. Esa verdad se va a repetir tres veces más (vv. 15, 17, 20), dándonos a entender que en el contraste y la comparación entre el primer Adán y el Postrer Adán no hay nada que comparar. Sublimemente trasciende el Postrer Adán. De esta manera, Pablo establece la superioridad de Cristo en todo aspecto.

¿Cuál es el gran problema de la vida cristiana tal como muchos la viven hoy?

Si miramos alrededor de nosotros o aun si miramos adentro pudiéramos decir que es para muchos de nosotros una lucha constante con *"los deseos de la carne, los deseos de los ojos, y la vanagloria de la vida"* (1 Juan 2:16). La vida cristiana viene siendo tantas veces una vida de altibajos, un paso adelante y dos pasos para atrás o vice versa. Tantos batallan con el enojo, desánimo, impureza de mente, temores, prejuicios, malos hábitos, sentido de superioridad o inferioridad e injusticias del pasado, entre otros problemas.

Claro, hay las bendiciones de Dios, períodos de victoria, pero Pablo capta lo siguiente en cierta ocasión en su propia vida: *"Yo sé que en mí, esto es, en mi carne, no mora el bien; porque el querer el bien está en mí, pero no el hacerlo. Porque no hago el bien que quiero, sino el mal que no quiero, eso hago. Y si hago lo que no quiero, ya no lo hago yo, sino el pecado que mora en mí"* (Romanos 7:18-20).

Si ésa fue la verdad a nivel de Pablo personalmente en dicho momento cuando no confiaba plenamente en Cristo, él observa y comenta a los corintios la triste condición colectiva de tal iglesia: *"De manera que yo, hermanos, no pude hablaros como a espirituales, sino como a carnales, como niños en Cristo. Os di a beber leche, y no vianda; porque aún no erais capaces, ni sois capaces todavía, porque aún sois carnales; pues habiendo entre vosotros celos, contiendas y disensiones, ¿no sois carnales, y andáis como hombres?"* (1 Corintios 3:1-3).

No tenemos que ir muy lejos para hallar lo mismo, a veces en nuestras propias vidas se puede apreciar todo esto. Reinan el orgullo, los celos, el desánimo, la impaciencia, la vida de hipócrita y derrotada. Nos hacemos la pregunta: ¿Es ésta la vida cristiana normal o anormal? Tantas veces se oye decir: la vida cristiana es difícil; es una lucha, trato y no logro lo que Dios me ha prometido.

De veras esta vida así como está descrita es una caricatura de la vida verdadera en Cristo.

Opciones disponibles al creyente hoy en día

Resulta la vida cristiana en una de dos cosas: o no sabemos las provisiones amplias y tratamos de llevar la vida en nuestras propias energías o no andamos por fe en el Mensaje de la Cruz. Dios no nos condena a tal vida de frustración y derrota. Cristo ha provisto el **Mucho Más** de Romanos 5:9, 10, 15, 17, 20.

Déjeme aclarar que no creo en la perfección absoluta del creyente en esta vida. La vida adánica sigue en el creyente hasta que Dios nos dé el cuerpo glorificado. Sin embargo, no tenemos que quedar satisfechos con la frustración de la vida y seguir siendo víctimas de nuestro orgullo y mal.

Hay una victoria real y va en aumento cuando caminamos en el poder del Espíritu Santo. Pablo ha expresado esta vida balanceada: *"Mas a Dios gracias, el cual nos lleva **siempre** en triunfo en Cristo Jesús, y por medio de nosotros manifiesta en **todo lugar** el olor de su conocimiento. Porque para Dios somos grato olor de Cristo en los que se salvan, y en los que se pierden"* (2 Corintios 2:14, 15). *"Mas gracias sean dadas a Dios, que nos da la victoria por medio de nuestro Señor Jesucristo"* (1 Corintios 15:57).

Sin embargo, Pablo revela que la vida victoriosa no queda exenta de las pruebas y las reacciones humanas. Pero a pesar de lo duro de la vida cotidiana, la nueva dinámica del Espíritu Santo nos consuela. *"Porque de cierto, cuando vinimos a Macedonia, ningún reposo tuvo nuestro cuerpo, sino que en todo fuimos atribulados; de fuera conflictos; de dentro temores. Pero Dios, que consuela a los humildes, nos consoló con la venida de Tito"* (2 Corintios 7:5, 6).

El primer Adán contra el Postrer Adán - dos dinámicas conflictivas

Antes de seguir adelante en el desarrollo de la santificación introducida en el puente de Romanos 5: 9-11, Pablo da los pasos críticos para sacar a luz el cómo la fuerza carnal en el creyente puede llegar a ser tan dominante. Más adelante Pablo explica a los corintios el agudo contraste entre las dos dinámicas: *"Así también está escrito: Fue hecho el primer hombre Adán alma viviente; el postrer Adán, espíritu vivificante. Mas lo espiritual no es primero, sino lo animal; luego lo espiritual. El primer hombre es de la tierra, terrenal; el segundo hombre, que es el Señor, es del cielo"* (1 Corintios 15:45-47).

Este pasaje de Romanos 5: 12-21 es clave e indispensable para la comprensión de Romanos 6 que pone en claro las grandes verdades libertadoras de la santificación. Demasiado frecuente se ha tratado superficialmente dejando que Romanos 6 sea tan sólo nuestra posición judicial en Cristo nada más, algo teórico y no básico y práctico. Claro está que nuestra muerte con Cristo en Romanos 6 es judicial y representativa; sin embargo, este capítulo de Romanos está lleno de mandatos y retos prácticos para el andar en victoria.

Mi mentor, Dr. F. J. Huegel, veterano misionero a México (1920-1970) solía decir que "Romanos 6 es el evangelio para los evangélicos, tal como el Monte Everest en los Himalayas sobrepasa todas las demás montañas del mundo".

El origen bíblico del pecado - Romanos 5:12-14

Con gran cuidado Pablo pone el cimiento de la obra de la Cruz. *"Por tanto, como el pecado entró en el mundo por un hombre, y por el pecado la muerte, así la muerte pasó a todos los hombres, por cuanto todos pecaron"* (Romanos 5:12). Éste es el punto de partida que explica el origen del pecado. Satanás tentó a nuestros padres, pero ellos mismos fueron los responsables.

La relación orgánica de las generaciones resultó en que este mal pasó a todos los hombres. Los teólogos llaman esto la depravación de la raza humana. Pecamos porque somos pecadores. El problema no es los pecados en sí sino la naturaleza ya corrupta con que cada ser humano llega al mundo. El texto dice: *"Por cuanto todos pecaron*—aoristo/pasado". A algunos no les gusta la idea de que nacimos pecadores como si se tratara de culparnos antes de nacer. Pero lo cierto es que cada ser humano, sin excepción alguna, ratifica esa realidad pecaminosa a la edad más temprana.

Pablo se da cuenta de que antes de la Ley Sinaítica en Éxodo 19: 20 había pecado en el mundo, aunque no fue definido en la misma forma precisa. Pero hubo las trágicas consecuencias inexorables. La ley de Moisés, de la cual Pablo hablará mucho en los capítulos futuros, llegó por fin para destacar la gravedad y la enormidad del pecado; la ley iba a traer mayor culpa al pecador con el correspondiente castigo.

El Protoevangelium o el Protoevangélico - Génesis 3:15

Vale la pena hacer un repaso de Génesis 3 donde se halla el relato verídico de la caída del hombre. La Biblia no se entiende sin una comprensión profunda de este pasaje. Después de haber pecado ellos, Dios se acercó a Adán primero y luego a Eva en el debido orden. Respondieron con pretextos y culpa.

Luego en Génesis 3:14, 15, Dios condena de manera más tajante a la serpiente. A la vez a oídos de Adán y Eva le dijo a la serpiente en la forma más concisa y categórica no tan sólo su condenación eterna sino que anunció el plan redentor a grandes rasgos. Quizá nos sorprenda que Dios le haya declarado su plan a Satanás. Pero el diablo era el contrincante por encima de todos los demás. Éste fue el plan A, porque Dios nunca tiene un plan B.

Sigue el esquema más preciso por desarrollarse, la trayectoria futura desde la caída hasta el triunfo futuro de Dios trino. *"Y pondré enemistad entre ti y la mujer, entre tu simiente y la simiente suya; ésta te herirá en la cabeza, y tú le herirás en el calcañar"* (Génesis 3:15).

Hay cinco puntos importantes:

1. La iniciativa absoluta de Dios — pondré enemistad implacable y triunfante.

2. Una larga duración entre dos simientes contrarias, la del mal y la de la mujer. La gracia tornará en triunfo usando la misma mujer culpable para introducir al Mesías (Isaías 7:14; Mateo 1:23).

3. La duración abarcará los dos linajes de todo tiempo: la de la mujer: Abel, Noé, Abraham, David; la del mal: Caín, Lamec, los antediluvianos, los de la torre de Babel, etc.

4. Un golpe fatal dado por la simiente de la mujer/Cristo encarnado (Gálatas 3:16) precisamente en la cruz. Juan 12:31: *"Ahora es el juicio de este mundo; ahora el príncipe de este mundo será echado fuera".*

5. Un golpe cruel pero pasajero en la crucifixión que resultaría en la gloriosa resurrección.

Dos razas, la terrenal de Adán y la celestial de Jesús - dos posiciones bien distintas

En Romanos 5: 14, Pablo vuelve a decir: *"No obstante, reinó la muerte desde Adán hasta Moisés, aun en los que no pecaron a la manera de la transgresión de Adán, el cual es figura del que había de venir".* Es indiscutible que reinó la muerte con la firme realidad de las tristes consecuencias de la caída. Es interesante que el verbo "reinar" aparezca cinco veces en este capítulo.

Habla del poder y la presencia de la dinámica cual sea. *"Reinó la muerte desde Adán hasta Moisés"* (5:14), pero *"**Mucho Más** reinarán en vida por uno solo, Jesucristo, los que reciben la abundancia de la gracia y del don de justificación"* (5:17). No queda duda alguna que reina Cristo y no el mal. Nos debe llenar de confianza que la vida cristiana no es una lucha tenaz sino un descanso, un don regalado por el Espíritu Santo. Tal es el mensaje de este pasaje.

La última frase capta nuestra atención: *"el cual es figura del que había de venir".* A primera vista las diferencias entre Adán y Cristo son enormes. ¿Cómo puede haber una comparación entre estos dos polos diametralmente opuestos el uno del otro? ¡Adán nos involucró en desgracia y condenación! ¡Cristo nos sacó de ese fango y nos resucitó en triunfo sobre el mal! Se resuelve fácil la semejanza. **Ambos introdujeron una nueva raza: Adán la terrenal, Cristo la celestial.** En este sentido Adán era tipo o patrón de Cristo sólo en ese sentido. En Adán nacimos en pecado, en Cristo renacimos muertos al pecado y vivos para Dios en Cristo Jesús (Romanos 6:6).

Breve repaso para apreciar el próximo pasaje - Romanos 5:15-21

Hemos repasado la mirada hacia atrás desde la condenación (Romanos 3:21-24) hasta el derramamiento del Espíritu Santo (Romanos 5:5). Pablo da pausa para reflexionar sobre el majestuoso amor de Cristo para con los infelices. *"Mas Dios muestra su amor para con nosotros, en que siendo aún pecadores, Cristo murió por nosotros"* (5:8).

Sigue "el puente" de Romanos 5:9-11 preparándonos para pasar de la justificación a la santificación. Pablo no abandona la base de nuestra **nueva posición** de ser aceptados tan justos como Cristo, sino que edifica la santificación sobre esa misma obra de la Cruz.

En ese «puente» introduce dos argumentos a *fortiori* o a la fuerza. Él parte de una premisa bien establecida y procede a establecer una premisa mayor, de más arraigo y alcance. En breve ya justificados en su sangre, seremos salvos de su ira. La ira cayó sobre él y nada queda para nosotros. Nos paramos debajo de esa cobertura segura (5:9). Ahora viene la premisa mayor. Ya reconciliados de una vez para siempre seremos salvos por *su vida* (5:10). Con esa referencia introduce el tema de Romanos 6: la vida resucitada de Cristo hecha nuestra.

Pablo sabe que tiene que poner bien el cimiento para la santificación porque involucra nada menos que la transformación absoluta de la vida pasada a la vida nueva. Le es menester tomar muy en cuenta el origen del mal que contaminó la raza. Esa materia prima adánica no serviría nunca para nada.

Pero la caída de Adán no tomó por sorpresa a Dios. Ya puso en marcha el Protoevangelio, su plan A, Génesis 3:15. La obra maestra de la Cruz iba a ser doble: **una posición legal** e **irrevocable.** Dios nos declara tan justos como su propio hijo con base en su muerte vicaria. Los medios de la gracia, la sangre derramada y la fe sin mérito alguno serán ampliamente suficientes para esta **nueva posición** otorgada por el Juez justo.

Dios Santo quería hacer aun más. Sobre ese fundamento puesto quería edificar con nuevo material, Cristo en nosotros, un edificio para su morada. *"En quien* (Cristo) *vosotros también sois juntamente edificados para morada de Dios en el Espíritu"* (Efesios 2:22). Tal obra culminante tendría que tratar con la vieja materia prima de Adán. Por eso Dios halló en Cristo la manera de introducir una nueva raza sobre nuevas bases.

En la regeneración nos concedió **una nueva condición moral** llevada a cabo por el Espíritu Santo con base en la Palabra de Dios. Con esta nueva materia, nos puso en su amado Hijo. Ya no estamos en Adán; el poder de esa vida vieja fue cancelado (Romanos 6:6) y la nueva dinámica del Espíritu hará una obra progresiva de santificación para la gloria de Dios.

Capítulo 13

Nuestra solidaridad con Cristo, la cabeza de la nueva raza
Romanos 5:15-21

Los estudios exegéticos previos nos han preparado para entrar de lleno en la sustancia de los contrastes fuertes y las comparaciones entre el primer Adán y el Postrer Adán, Jesús Cristo Señor nuestro (1 Corintios 15:45-49). Desde Romanos 5:12 Pablo establece más allá de duda que *"el pecado entró por un hombre, y por el pecado la muerte, así la muerte pasó a todos los hombres, por cuanto todos pecaron"*.

Pablo establece la realidad del problema enorme que Dios resolvió en la muerte expiatoria de Cristo en la Cruz al quitar la culpa y el poder de la naturaleza adánica.

Ahora el apóstol vuelve al principio de la entrada del pecado y muerte en el Huerto de Edén. Dice Pablo de Adán *"el cual es figura del que había de venir"*, una clara referencia al Mesías, aquel que había de venir. Entre las grandes diferencias que había habido entre Adán quien fracasó totalmente y Cristo que triunfó grandiosamente existía algo que tenían en común. Dieron principio a dos razas representativas.

El argumento fuerte de Pablo en Romanos 5:15-21 es para que podamos comprender la solidaridad nuestra con Adán primero en pecado y luego con Cristo en victoria sobre tal naturaleza corrupta. Será una victoria **Mucho Más** grande en unión con Cristo. Sí que los dos tenían algo en común, las cabezas federales de dos razas que se predijeron primero en Génesis 3:15, la simiente de la serpiente y la de la mujer.

La importancia de estas verdades en el gran argumento de Romanos

A mi criterio, esta sección de Romanos es fundamental para comprender la verdadera victoria nuestra en Cristo Jesús. Pablo pone en claro las bases lógicas y bíblicas que establecen de una vez para siempre que la vida cristiana no es nada más que una vida llevada en el poder del Resucitado.

Muy pocos enseñan así sobre esta sección, en parte porque es algo difícil de exponer. El razonamiento de Pablo es algo denso y compacto. Los mismos comentaristas reconocen este factor, pero de todos modos ellos consideran esta sección altamente importante donde coinciden los argumentos más poderosos de Romanos.[3] El mensaje en sí es patente y determinante.

Los dos contrastes bien fuertes entre Adán y Cristo - Romanos 5: 15, 16

No cabe duda de que habría una grande diferencia entre Adán el perdedor y el Cristo el vencedor. *"Pero el don no fue como la transgresión; porque si por la transgresión de aquel uno murieron los muchos, abundaron* **mucho más** *para los muchos la gracia y el don de Dios por la gracia de un hombre Jesucristo"* (5:15). Al introducir Pablo a los dos personajes, cabezas de las dos razas federales, hace hincapié en el mundo de diferencia entre un don o regalo y la culpa y la vergüenza de una transgresión. Un regalo nos introduce en alegría, gozo y gratitud. ¿A quién no le gusta una fiesta? En agudo contraste, ¿Quién no siente profundamente la

---

[3] Leon Morris, The Epistle to the Romans, (Grand Rapids: William B. Eerdmans Publishing Company, 1988), p.228. En la nota a pie de la página, Lloyd Jones lo llama el "mismo corazón y centro de la epístola". Y Griffith Thomas dice que es el "artículo principal y enfoque de la epístola" (traducción del autor).

culpa de haber cometido un pecado al haber herido a un ser querido? Pero otro factor por tomar muy en cuenta es que estos contrastes y luego las comparaciones no son de ninguna manera de igual fuerza. Adán es un tipo o patrón de Cristo; Cristo es el gran anti tipo infinitamente mayor en todo aspecto. Estos contrastes y comparaciones no resultan en un estancamiento o empate entre dos fuerzas de igual valor.

Cristo transciende **MUCHO MÁS** el daño hecho por Adán. *Éste es el gran mensaje de Romanos 5:12-21. La vida cristiana no es una lucha, una batalla en tela de duda.* Es un reposo tranquilo, un descanso en virtud de la nueva dinámica que el Espíritu Santo nos regala.

Es bueno decir que en esta sección Pablo hace un contraste entre lo que un hombre —Adán— hizo y lo que el otro hombre infinitamente superior hizo de una vez en la cruz a favor nuestro. Diez veces desde 5:12-19, Pablo dice **un** hombre o **aquel uno** refiriéndose igualmente a Adán y a Cristo. Resulta más que claro que el verso 15 enfatiza en gran manera el beneficio para el creyente al multiplicar el impacto de la gracia de Dios — *"abundaron mucho más para los muchos la gracia y el don de Dios por la gracia de un hombre Jesucristo"*.

De ninguna manera fue una provisión mezquina sino abundante. Requiere que cualquier creyente batallando con las fuerzas del viejo hombre tome en fe esa verdad y que la afirme de todo corazón.

Se debe notar que Pablo usa el término "muchos" para hablar de la extensión del mal y la del bien. **El contexto tiene que determinar exactamente la extensión.** Lo del mal se extiende a "todos los hombres" (5:12). La extensión de lo bueno en Cristo viene específicamente *"a los que reciben la abundancia de la gracia y del don de la justificación"* (5:18). Pablo habla no cuantitativamente sino cualitativamente con respecto a la eficacia de los beneficios que llegan al creyente.

Como si no fuese suficiente para distinguir el agudo constaste del verso 15, el verso que sigue repite: *"Y con el don no sucede como en el caso de aquel uno que pecó; porque ciertamente el juicio vino a causa de un solo pecado para condenación* (palabra muy fuerte), *pero el don vino a causa de muchas transgresiones para justificación"*.

En esencia, el mal de parte de uno se extendió a todos haciendo estragos, pero por contraste por uno solo, Cristo, su gracia se extiende para cubrir múltiples transgresiones. Tal es el poder superior del don de la gracia de Dios en Cristo.

Tres comparaciones entre Adán y Cristo (en dirección opuesta) - Romanos 5:17-19

Pablo reitera la analogía entre Adán y Cristo como cabezas federales de dos razas distintas. En los versos anteriores hizo destacar el agudo contraste entre el don versus la transgresión. Aun en el original usa más de una sola palabra sinónima para hacer hincapié en la naturaleza de lo dado en pura gracia inmerecida. Infinitamente más poderosa es la gracia que el mal heredado desde Adán. Esto nos debe animar a seguir adelante siempre. En esta sección es el verbo dominante es "reinar".

Muy secamente dice: *"Pues si por la transgresión de uno solo reinó la muerte"*, para dejar en claro que nadie puede discutir esa triste realidad. Nuestro mundo es "un mundo de cementerios". Pero lanzándose desde ese triste hecho en plena confianza, Pablo dice: *"**mucho más** reinarán en vida por uno solo, Jesucristo, los que reciben la abundancia de la gracia y del don de la justicia"* (5:17). Pablo es culpable de la bendita redundancia, multiplicando las palabras que resaltan en la pura gracia de la intervención de Dios en la Cruz.

En palabras tan claras, Pablo nos reta para que nuestra vocación santa sea la de reinar en vida aquí y ahora, no tan sólo en el futuro sino en el presente. Pablo nos recuerda que nosotros reinaremos ahora mismo, aunque más adelante dice: *"Así también la gracia reine por la justicia para vida eterna mediante Jesucristo, Señor nuestro"* (5:21).

La gracia que reina no hace ninguna diferencia porque todo es de él y de pura gracia. Pablo vuelve a resumir el argumento que dejó incompleto en 5:14: *"No obstante reinó la muerte desde Adán hasta Moisés, aun en los que no pecaron a la manera de la transgresión de Adán, el cual es figura del aquel que había de venir."*

En la segunda comparación, Pablo completa la oración original dando el resultado final. *"Así que, como por la transgresión de uno vino la condenación a todos los hombres, de la misma manera por la justicia de uno vino a todos los hombre la justificación"* (5:18). Pablo resume lo dicho anteriormente aclarando el impacto tanto de Adán para el mal como el de Cristo para el bien. Esto viene en términos de la extensión de las dos cabezas de las razas.

A veces algunos usan el versículo 18 para enseñar el universalismo de la salvación de todos, diciendo mal: todos condenados en su pecado y todos justificados en Cristo. Pero el verso anterior limita la eficacia a *"los que reciben la abundancia de la gracia y del don de la justicia"* poniendo una estricta limitación y reservando la salvación sólo a los creyentes.

La tercera y última comparación viene en 5:19: *"Porque así como por la desobediencia de un hombre —Adán— los muchos fueron constituidos pecadores, así también por la obediencia de uno — Cristo—, los muchos serán constituidos justos"*. Pablo exalta su argumento en la maravilla de la justificación que provee al creyente un estatus legal ante el Juez como si nunca hubiera pecado.

Lo que Adán trajo al mundo, en cuanto al poder del mal, Cristo lo ha abolido totalmente. Y no tan sólo esto sino que ha dado al creyente una posición tal que se le hace ser *"heredero con Dios y coheredero con Cristo"* (Romanos 8:17).

El papel de la ley es magnificar la gracia de Cristo - Romanos 5:20, 21

Pablo ha venido hablando mucho de la ley desde Romanos 2:12 en adelante. En el resumen de la condenación del pecador ha dicho: Pero *"sabemos que todo lo que la ley dice, lo dice a los que están bajo la ley, para que toda boca se cierre y todo el mundo quede bajo el juicio de Dios"* (3:19*).* En su desarrollo de la justificación ha establecido más allá de duda que la ley sólo condena al culpable.

Dios intervino no con base en la ley que tan sólo mata al pecador, sino en la pura expresión de su gracia. El Juez mismo ofreció el *"kofer"*, pues el pecador ni podía ni quería hacer algo. El triunfo de la gracia proveyó libre acceso a Dios con base en la obra expiatoria de Cristo en la Cruz.

Todo esto hace surgir la pregunta lógica: ¿Para qué fue agregada la ley? ¿Por qué hubo la ley? En Romanos 5:13 Pablo había dicho: *"Pues antes de la ley, había pecado; pero donde no hay ley, no se inculpa de pecado"*. Pero en teoría si no hay ley que define y prohíba bajo costo de desobediencia, no puede haber culpa. *"No obstante, reinó la muerte desde Adán hasta Moisés, aún en los que no pecaron a la manera de la transgresión de Adán"*. La ley no creó el pecado pero dada después de unos cuatrocientos años lo iba a definir y a prohibir (Gálatas 3:17).

Pablo responde precisamente a esta pregunta: *"Entonces, ¿para qué sirve la ley? Fue añadida a causa de las transgresiones, hasta que viniese la simiente a quien fue hecha la promesa: y fue ordenada por medio de ángeles en mano de un mediador."(Gálatas 3:19).*

Luego Pablo declara que la ley fue dada para encerrar todo bajo el pecado para que la promesa que es por la fe en Jesucristo fuese dada los creyentes. Realmente la ley tienes **dos grandes propósitos: uno hacia Dios, revelar su santidad y dos su odio hacia el pecado.** La ley tomó la forma de la justicia que condena todo lo que no es de Dios. La ley iba a hacer crecer lo enorme del pecado y lo inútil de todo ser humano que nació contagiado por el Primer Adán.

El Quinto MUCHO MÁS de Cristo frente a lo peor que pudo hacer la ley - Romanos 5:20, 21

En el "puente" de Romanos 5:9-11 aparece primero esta frase *mucho más* (v.9) marcando el progreso desde la justificación o la declaración de nuestra absoluta justicia en Cristo que nos quitó para siempre la ira de Dios; luego la segunda frase *mucho más* pone el próximo hito al dejar claro que pasamos de ser enemigos a ser ahora recipientes de la misma dinámica de Cristo resucitado en nuestra propia vida (5:10). Siguen dos *mucho más* en los primeros dos contrastes (5:15,17).

Pero la quinta vez es la exclamación de Pablo subrayando la verdad más allá de posible duda. *"Pero la ley se introdujo para que el pecado abundase; mas cuando el pecado abundó, sobreabundó la gracia".* Por el cambio del verbo, siempre la palabra clave de la oración, Pablo pone fin a su argumento ya probado.

Triunfa la gracia, exclusivamente la propiedad de Dios mismo. Esta vez no dice que "reinaremos" como en 5:17, sino que pone la seguridad de la victoria en las manos de Dios, es decir, el triunfo de la gracia misma manifestada en Cristo Jesús.

La superioridad de la gracia y el fracaso de la ley para salvar

Vale la pena notar que en todo esto Dios define la victoria en términos de la abundancia de su gracia, su carisma, su don. La ley fue dada cuatrocientos años después de la promesa hecha a

Abraham. Tal promesa era basada en la gracia de Dios y su fe en creer la promesa (Génesis 15:6). Esa promesa a Abraham indicaba que la ley sería algo temporario *"hasta que viniese la simiente* (Cristo)" (Gálatas 3:17, 19). **La ley no serviría ni como medio de la salvación ni mucho menos como el medio de la santificación.** Ese no era el propósito de Dios para la salvación. En el plan de Dios la ley serviría como un medio preparatorio no más para la venida de Cristo quien ofrecería la redención en pura gracia, basado todo en la muerte expiatoria de Cristo.

Pero hay otra razón por la cual Dios introdujo la ley. Era para revelar y hacer resaltar lo enorme del pecado, lo incurable del pecado. Pero aun en magnificar y definir la esencia del mal, Dios sería todavía más glorificado por haber triunfado sobre semejante mal. La ley reveló al hombre ciego lo incorregible de su carne.

Este descubrimiento del pecado tal como Dios siempre lo conocía resultó en la condenación de cada ser humano. Además Adán nos involucró en el pecado y la ley puso en agudo relieve el doble mal. Así resulta el mismo triunfo de la abundancia de la gracia. Tal triunfo en la Cruz sirve para la mayor *"alabanza de la gloria de su gracia"* (Efesios 1:6, 11, 14).

La conclusión del argumento de Pablo está así bien establecido. Ni el primer Adán ni la ley misma pudo competir con la gracia de Dios revelada en Cristo. *"Pero la ley se introdujo para que el pecado abundase; mas cuando el pecado abundó; sobreabundó la gracia; para que así como el pecado reinó para muerte, así también la gracia reine por la justicia para vida eterna mediante Jesucristo Señor nuestro"* (Romanos 5:20, 21).

Habiendo puesto en claro el fin de la tiranía del pecado y el doble castigo de la ley, Pablo nos prepara para la aplicación práctica que sigue en Romanos 6:1 con base en los cinco **Mucho Más**. No puede haber la menor duda de que la vida resucitada de Cristo será más que sobremanera suficiente para un andar de plena victoria. Se ha resuelto el problema del primer Adán frente al Postrer Adán. Ahora estamos preparados para avanzar sobre las bases bíblicas con plena confianza. Reina la gracia y no la carne.

Capítulo 14

Renacido Crucificado - nuevo punto de partida
Romanos 6:1-5

Ahora llegamos a la porción clave en la cual Pablo da el primer paso práctico y doctrinal rumbo a una vida de victoria en Cristo. Repasemos brevemente. En Romanos 5:1-8 Pablo echó un vistazo hacia atrás a la condenación rotunda de pecador (Romanos 1:18-3:20) y una mirada al futuro. Sigue la intervención en *gracia* del Juez Justo castigando a su propio Hijo, proveyendo así una declaración jurídica de la justicia divina con base en la *sangre* de su Hijo al *"impío que cree"* (Romanos 3:21-31). Siguen los ejemplos de la justificación, Abraham y David y el gran principio de *la fe* (Romanos 4:1-26).

Sigue "el puente" (Romanos 5:9-11) en el cual Pablo se dirige desde la justificación a la santificación siendo la justificación el cimiento de la santificación, el andar del creyente en victoria en Cristo. Usa dos argumentos a *fortiori* (a la fuerza) para establecer más allá de duda la grandeza de nuestra **posición** (justificación) y la **condición** resultante (santificación) en Cristo. Lo hace por medio de repetir dos veces *mucho más*.

En el resto de Romanos 5:12-21, Pablo vuelve a la caída del **primer Adán** quien nos involucró a todos en el pecado dejándonos una naturaleza pecaminosa. Pecamos en Adán, pero ahora estamos en el **Postrer Adán, Cristo**. En el don de su gracia "renacimos crucificados" en el Postrer Adán. Y murió el primer

Adán en nosotros y ahora reina la gracia en unión con nuestra nueva cabeza federal, Cristo Jesús.

Pablo establece nuestra relación por medio de dos contrastes (5:15, 16) y tres comparaciones (vv.17-19). Después de esbozar dos **mucho más** siguen tres más en 5:15, 17, 21. Al contar con **cinco mucho más** en este pasaje no debe haber duda alguna de que sobresale en todo sentido el poder de la vida nueva. Ahora en ella reina la gracia. *"Para que así como el pecado reinó para muerte, así también la gracia reine por la justicia para vida eterna mediante Jesucristo, Señor nuestro"* (Romanos 5: 21).

La cuestión candente ante el creyente: pecar o no pecar - Romanos 6:1

En cierto sentido podemos decir que todo lo que Pablo viene enseñando desde la justificación (Romanos 3:21-5:11) hasta ahora sirve para conducirnos a hacer frente a este urgente dilema del creyente. **Pecar o no pecar, seguir pecando o no seguir pecando.**

Tiene que ser una respuesta bíblica y clara que magnifique a la misma gracia de Dios que a la vez haga frente a la realidad del andar del cristiano. En estos capítulos de Romanos 6-8, Pablo lo desenvuelve con una claridad transparente.

El apóstol va a contestar a luz de la obra de la Cruz este tema urgente bajo cuatro preguntas que forman la estructura de estos capítulos. Veámosla a vista de vuelo de pájaro:

1.) *"¿Que, pues, diremos? ¿Perseveraremos en el pecado para que la gracia abunde?"* (6:1-14). El nuevo punto de partida para el creyente, muerto al pecado y vivo para Dios.

2.) *"¿Qué, pues?¿Pecaremos porque no estamos bajo la ley, sino bajo la gracia?"* (6:15-23). La nueva perspectiva es la fe/obediencia en acción que resulta en la liberación del pecado.

3.) *"¿Acaso ignoráis, hermanos, (pues hablo con los que conocen la ley), que la ley se enseñorea del hombre entre tanto que éste vive?"* (7:1). Muerto a ley y a nuestros mejores esfuerzos inútiles y a la vez introducido el creyente al régimen nuevo del Espíritu Santo.

4.) *"¿Qué diremos, pues?¿La ley es pecado?"* (7:7- 8:13). El debido rol de la ley produce en el creyente lo inútil de sus esfuerzos. Debe haber un quebrantamiento que resulta en una nueva dependencia del Espíritu, quien llena y capacita al creyente con tal que ande por la fe conforme a la gracia y no conforme a la carne. *"Más que vencedores"*. Resultan las amplias bendiciones de la vida controlada por el Espíritu Santo (8:14-39).

Unas observaciones personales antes de empezar el estudio

Una nota personal. Dios me permitió un verdadero quebrantamiento durante mi primer pastorado en una pequeña iglesia en Winnipeg, Manitoba (Canadá). En ese momento estaba bastante joven. Había cursado cuatro años en la preparatoria (high school cristiano) y cinco años de estudios bíblicos en dos seminarios en Canadá. Durante esos años estaba saturado de haber oído este mensaje de la Cruz. Creía yo, sincera y teológicamente, que entendía bien mi co-crucifixión con Cristo; pensaba que estaba preparándome para ir al África de misionero.

Pero Dios me reveló en su gracia qué inútil era mi carne y la profundidad de mi orgullo "espiritual" en este quebrantamiento. Por su iluminación en aquel entonces me concedió comprender poco a poco la realidad a nivel de mi corazón de mi unión con Cristo en muerte y resurrección. A causa de esta realidad personal ahora comparto mi corazón y estas verdades de la Cruz. No en vano, siempre al final de mis cartas termino con esta frase: **Tuyo en el mensaje del Cruz.** Mi ferviente oración es que estos estudios exegéticos resulten en tal iluminación en la vida del lector a través del Espíritu Santo.

Para agregar más a mi carga, en mis muchos viajes por el norte y el sur he hallado muy poco conocimiento de este mensaje.

Recientemente, un joven a quien aconsejaba me hizo ver lo siguiente: ¿Por qué en nuestras iglesias ponen tanto énfasis en lo que siempre nos toca hacer cuando Cristo ya lo hizo de una vez en la cruz? Buena pregunta.

La Carta Magna de la libertad espiritual: "Morimos al pecado" - Romanos 6:1, 2

El principio de la democracia en el mundo anglosajón tomó lugar en 1215 en Inglaterra cuando el Rey Juan bajo mucha presión de los nobles y duques firmó la Carta Magna dándoles por primera vez una pequeña participación en la gobernación de su reinado. Aquella carta ha quedado como la base de la democracia. Mi mentor, Dr. F. J. Huegel, solía decir que: "Romanos 6 es la Carta Magna de nuestra libertad del pecado"

A luz de los argumentos de Romanos 5:12-21 y la repetición cinco veces de la frase *mucho más,* Pablo ya estableció más allá de duda de que el Postrer Adán sobrepasó al Primer Adán. Ahora corresponde hacernos la pregunta práctica: *¿Qué, pues, diremos?* La palabra "pues" es una conjunción fuerte en la lógica, que requiere que regresemos al contexto y que aceptemos la fuerza de lo comprobado: *"así también la gracia reine por la justicia para vida eterna mediante Jesucristo, Señor nuestro"* (5:21).

Lo que nos llama la atención es su pregunta retórica: ¿Seguiremos perseverando o dando rienda suelta al pecado para que Dios en su gracia nos perdone? El punto clave aquí no es si podemos pecar o no, sino que ¿vamos pecando en base de la gracia? Su respuesta es corta, directa, tajante, rotundamente negativa: *"En ninguna manera".* Tal presunción y hábito sugerido es un sacrilegio del mayor rango. Debe haber una base bien firme para tal negación tan decisiva.

La negación está basada en lo que sigue: *"Porque los que hemos muerto al pecado,* —mejor si usamos el verbo según el griego original *'morimos'* (modo indicativo, tiempo aoristo/pasado) — *¿cómo viviremos aún en él?"*. Tomemos nota que en los dos primeros versos (6:1, 2) Pablo dice "el pecado", es decir, singular. No puede referirse a los muchos pecados ya perdonados en la justificación. Evidentemente se refiere exclusivamente a la naturaleza adánica que persiste aun en el creyente. Pablo, pues, declara la base misma de nuestra victoria en Cristo. **Nosotros morimos respecto del pecado, es decir, su poder y su control sobre nuestra vida.** El pecado no murió a nosotros sino que nosotros, en Cristo, morimos al pecado.

Ahora entran los dos contrastes y las tres comparaciones del primer Adán y el Postrer Adán de Romanos 5: 15-19. La fuerza del argumento de las dos cabezas federales (5:14) es establecido. *Como nacimos en Adán EN pecado, renacimos en Cristo muertos AL pecado.* No estuvimos cronológicamente ni en el Huerto de Edén ni físicamente en la Cruz con Cristo, pero ¿quién podría dudar, pues, de las consecuencias que proceden de tal solidaridad?

El análisis preciso de esta Carta Magna: nuestra muerte en Cristo - Romanos 6:3-5

Pablo bajo la inspiración del Espíritu Santo se da cuenta de lo radical y lo difícil de comprender esta gran declaración; dedica tres versículos para analizarla y luego la sintetiza en Romanos 6:6, mi versículo favorito. ¿Qué quiere decir esto? ¿Cómo se explica? ¿En qué sentido puedo decir que morí en Cristo, una co-crucifixión?

Tantas veces frente a la realidad de la tentación de adentro y de afuera me siento tan vivo, nada de muerto. Pero se puede decir desde el principio que no es un asunto de las emociones y de sentirse de una u otro forma. Se trata de lo que Dios dice desde la Cruz, no de lo que yo sienta. Es cuestión de fe.

"Morimos al pecado": unidos al ser bautizados en su muerte - Romanos 6:3

Sigue una fórmula muy paulina que aparece en las epístolas cuando Pablo quiere hacer hincapié en una verdad básica, tan básica que no se pudiera ignorar (Romanos 7:1; 1 Corintios 6:19). *"¿O no sabéis que todos los que hemos sido bautizados —otra vez fuimos bautizados— en Cristo Jesús, fuimos bautizados en su muerte?*

Esta pregunta retórica sólo puede tener una respuesta. Fuimos unidos en su muerte o hacia su muerte. Cristo mismo se había referido a su muerte como un bautismo: *"No sabéis lo que pedís. ¿Podéis beber del vaso que yo he de beber, y ser bautizado con el bautismo con que yo soy bautizado?* (Mateo 20:22).

Debemos interpretar el versículo según el concepto de los lectores originales. No es una referencia directa a la ordenanza en que pensamos de inmediato. Para el creyente primitivo el bautismo era un acto de confesión e identificación pública con Cristo que bien pudiera resultar en muerte. El modo de bautismo también ilustra un sumergirse y una salida habiendo dejando atrás en el agua lo viejo. El verso que sigue aprovecha esta figura.

Otros han hablado de cierto uso del bautismo de que habla Pablo de esta figura: *"Porque por un solo Espíritu fuimos **todos bautizados en un cuerpo,** sean judíos o griegos, sean esclavos o libres; y a todos se nos dio a beber de un mismo Espíritu"* (1 Corintios 12:13). En esto podemos estar seguros que habla de nuestra identificación y nuestra participación con Cristo siendo unidos a él en muerte.

"Morimos al pecado": unidos en su sepultura y en su resurrección - Romanos 6:4

Si nuestra identificación en y hacia una muerte representativa, Pablo sigue diciendo: *"Porque somos sepultados —otra vez mejor,* fuimos sepultados— *juntamente con él para muerte por el bautismo, a fin de que como Cristo resucitó de los muertos por la gloria del Padre, así también nosotros andemos en novedad de vida"* (6:4). Una vez más Pablo mira atrás hacia la cruz y lo que pasó al creyente. La muerte fue con el único propósito de la resurrección. No puede haber triunfo sin la resurrección. En ese énfasis Pablo destaca la nueva cualidad de vida, novedad de vida. De las dos palabras disponibles que se traducen "nuevo", Pablo escoge la que habla de "lo fresco, lo extraño y por tanto, un cambio"[4] y de una incorporación en Cristo ya resucitado. Es una vida nueva cualitativamente; no sólo diferente sino de otro origen, de otra fuente.

Pablo ahora amplía lo que había dicho en el "puente" de Romanos 5:10: *"Estando reconciliados seremos salvos por su vida".* Nuestra muerte con Cristo y la vida resucitada van juntas, para siempre unidas como la herencia del creyente que toma su lugar con Cristo.

Se debe tomar en cuenta que hasta ahora todo lo descrito en Romanos 6:2-4 viene en el tiempo aoristo/pasado. Todo viene en la voz pasiva que quiere decir lo que nos ha sido hecho. Somos los que recibimos esto sólo por identificarnos en su muerte y resurrección. Esta unión con Cristo ha sido llevada a cabo por la gloria del Padre, una expresión de la maravilla de su persona y obra dándonos un poder nuevo. La vida nuestra se basa en esa unión gloriosa.

"Muertos al pecado": habiendo sido injertados en su muerte y resurrección - Romanos 6:5

Por tercera vez Pablo analiza la frase para que podamos agarrar la importancia de esta verdad fundamental sobre la cual Dios nos

---

[4] Fritz Rienecker/Cleon Roger, Linguistic Key to the Greek New Testament. (Grand Rapids, MI: Zondervan Publishing House, 1980). p. 361.

edifica la vida de victoria. Esta vez hay cierta diferencia de énfasis. Hasta ahora todo ha sido basado en la Cruz de hace dos mil años. No puede haber nada más seguro que lo que ya ha sido consumado.

Pero ahora entra otro elemento. *La idea del verbo es en el tiempo perfecto ya que si hemos venido siendo plantados, creciendo juntos, en la semejanza de su muerte, la semejanza de su resurrección es también asegurada.* Aquí está la garantía de la plena victoria, pero como un proceso de andar por fe. Antes con el énfasis en la cruz tenemos la nueva vida de Cristo en nosotros pero ahora **el proceso es algo por realizarse.**

No cabe duda de que Pablo piensa en Juan 12:24: *"De cierto, de cierto, os digo, que si el grano de trigo no cae en la tierra y muere, queda solo; pero si muere, lleva mucho fruto"*. Sabemos que la siembra no es seguida de inmediato por la cosecha. Hay que esperar y dejar que el grano de trigo se disuelva y muera. A su debido tiempo germinará, brotará y habrá cosecha. Así Pablo pone en claro el elemento de la fe que camina contando con esta unión orgánica.

Cristo también subraya estas verdades en Juan 15:1-17

Cristo mismo en el Aposento Alto enseñó la misma verdad a sus discípulos. *"Yo soy la vid verdadera, y mi Padre es el labrador... Permaneced en mí y yo en vosotros. Como el pámpano no puede llevar fruto por sí mismo, si no permanece en la vid, así tampoco vosotros, si no permanecéis en mí. Yo soy la vid, vosotros los pámpanos; el que permanece en mí, y yo en él, éste lleva mucho fruto; porque separados de mi nada podéis hacer"* (Juan 15:1,4, 5).

La vida cristiana parte de la Cruz —muertos al pecado— pero es un andar que requiere el permanecer en él por la fe. No está en la base de nuestros esfuerzos sino en está gloriosa verdad que permite que la misma vida de Cristo, la vida resucitada, se manifieste en nosotros como un proceso, un andar. Es un **acto** de contarnos muertos y una **actitud constante** de seguir creyendo. Cristo sigue remachando este principio al decir: *"Si permanecéis en mí, y mis palabras permanecen en vosotros, pedid todo lo que queréis, y os será hecho"* (Juan 15:7). Muertos al pecado tienen que tomar el punto de partida, un andar por fe y obediencia. Esta verdad la sintetizará Pablo en Romanos 6:6.

Capítulo 15

El nuevo punto de partida para el creyente
Romanos 6:6

Este texto, mi favorito, es el verdadero nuevo punto de partida del creyente. A esta altura del camino, emprendemos la jornada con la justificación, la declaración del Juez de que somos tan justos ante él como si fuéramos su propio hijo. Realmente ésta es una maravilla de la gracia de Dios. Desde la condenación justa ante un Dios santo, hemos llegado a gozarnos de una posición jurídica nueva, irrevocable y eterna.

Pero todo no termina aquí en este caminar por fe, aun queda más trecho por recorrer para llegar a ser santos e íntegros en nuestra vida y conducta. Dios no descansa *"hasta que todos lleguemos a la unidad de la fe y del conocimiento del Hijo de Dios, a un varón perfecto, a la medida de la estatura de la plenitud de Cristo"* (Efesios 4:13).

Pablo vuelve a poner la base de esta partida
Ya que es tan importante y crítico que entendamos la verdad de la nueva posición en Cristo, vale la pena volver a atravesar lo aprendido. Pablo dedica 64 versículos (Romanos 1:18-3:20) para establecer la condenación justa de todo ser humano. En el primer Adán nacimos *"muertos en delitos y pecado"* (Efesios 2:1). Pero *"ahora aparte de la ley, se ha manifestado la justicia de Dios… a*

quien Dios puso como propiciación por medio de la fe en su sangre...'' (Romanos 3:21, 25).

Con 36 versículos (Romanos 3:21-4:25), Pablo pone la base de nuestra salvación. Hemos visto los tres medios de la salvación: **el medio de la gracia**, el ambiente o la fuente; **el medio de la sangre**, medio meritorio; y **el medio de la fe**, la respuesta divina/humana a tal oferta en gracia.

La muerte vicaria de Cristo en nuestro lugar, siendo la propiciación, dejó que el Juez justo pudiera legalmente perdonar todos nuestros pecados y restaurar al *"impío que cree"*. Ya que la ira de Dios cayó sobre su propio Hijo, no sobre nosotros los culpables, Dios pudo mostrar su amor para con nosotros dándonos vida eterna (Juan 3:16).

Éstos son los primeros pasos de la salvación. Hasta allí estamos bien familiarizados. Pero hay más, **MUCHO MÁS.** Después de dar un vistazo hacia atrás y hacia delante en Romanos 5:1-8, el apóstol introduce el siguiente paso para la santificación; ahora es el turno para hablar, no de los pecados ya perdonados sino del pecado, la naturaleza adánica que persiste en el creyente.

Pablo en Romanos 5:12-21 vuelve al mismo principio, la caída de Adán en pecado. Todo ser humano después de él nace muerto en pecado. La naturaleza nuestra está totalmente depravada. Surge una pregunta muy práctica: ¿hay una provisión divina para tal naturaleza pecaminosa?

En Romanos 5:12-21 Pablo recurre a las dos Cabezas federales: Adán, Cabeza terrenal y Cristo, Cabeza espiritual (1 Corintios 15:45-49). El creyente que renace en Cristo ya no está bajo Adán; ahora está bajo Cristo y vive bajo el dominio y el poder de Cristo. Por una serie de contrastes (2) y comparaciones (3), Pablo establece cinco veces, más allá de duda, que en esta nueva posición el poder de Cristo es el *MUCHO MÁS* (Romanos 5:9, 10, 15, 17, 20).

La pregunta para el creyente: ¿pecar o no pecar?

*¿Qué, pues, diremos? ¿Perseveraremos en el pecado...? En ninguna manera, porque los que **hemos muerto al pecado**, ¿cómo viviremos aún en él?* En Romanos 6:1-5 Pablo analiza primero la frase *"muerto al pecado"*, es decir, muertos con respecto al dominio y el control de la naturaleza adánica en la vida del creyente.

Es un concepto difícil de entender. Por eso usa a duras penas tres figuras para ayudarnos a comprender esta verdad tan fundamental: 1.) identificados en su muerte por el bautismo (v.3); 2.) identificados en su sepultura (v.4); 3.) el proceso de ser identificados en su resurrección (v.5). Ha valido la pena hacer este largo repaso debido a que Romanos 6:6 nos da la síntesis, la conclusión de esta argumentación tan extensa, pero tan fidedigna de nuestra fe.

Analicemos frase por frase este nuevo punto de partida - Romanos 6:6

Se puede quejar alguien pensando: todo esto es muy difícil para la mente nuestra, tantas veces carnal. Nos cuesta comprender esta Carta Magna de la libertad, pero ésta es la doctrina sana; es la Palabra de Dios que exige nuestra fe y obediencia. *"Antes bien sea Dios veraz, y todo hombre mentiroso"* (Romanos 3:4).

"Sabiendo esto"

Este gerundio es clave, pues expresa un conocimiento progresivo y constante. Realmente en español tenemos los dos verbos: "saber" y "conocer" que tienen diferente ámbitos. En griego el verbo *"ginosko"* quiere decir, entre varios matices: conocer experimentalmente, conocer como una persona, aprobar. En cambio, el otro verbo *"oida"* significa saber, percibir con los cinco sentidos, hablando más frecuentemente de las cosas. Por tal razón en español es mucho mejor decir "**conociendo esto**".

En español "conocer" se usa casi exclusivamente con personas, aun en hebreo el verbo correspondiente es *"yada"*: *"Conoció Adán a su mujer Eva, la cual concibió y dio a luz a Caín* (Génesis 4:1). En mi caso particular, mi esposa y yo llevamos 62 años de casados y de una manera íntima y personal hemos llegado a una profundidad de compañerismo tal que casi no tenemos que discutir lo que nos pasa. La conozco y me conoce. Nos aceptamos de todo corazón el uno al otro.

Así Pablo dice que este "conocer" a Cristo nuestra identificación con él, no es teoría, ni teología abstracta sino una verdadera participación con Cristo en muerte al pecado y en vida nueva. Esto no se da con base en unas materias de doctrina, ni mucho menos de actos de litúrgicos, sino de una entrega y fe personal, práctica y creciente.

¿Cómo, pues, nos llega tal conocimiento personal y creciente? Empieza con una aceptación tal y como es la Palabra de Dios. Nos dice que ya morimos al pecado con respecto de su control. Abrazamos y obedecemos la verdad pura *hasta dar gracias en fe por ella*. El punto cúspide de esa verdad llega, muchas veces, por las dificultades que Dios nos permite para probar nuestra fe. Tantas veces viene por los padecimientos, los fracasos nuestros cuando no tenemos a quien acudir sino a Cristo.

"Sabiendo esto"

Se hace muy evidente que "esto" se refiere al contexto desde Romanos 5:21 en adelante: *"para que así como el pecado reinó para muerte, así también la gracia reine por la justicia para vida eterna mediante Jesucristo, Señor nuestro"*. Con nuestra unión con Cristo, nuestra solidaridad con la Cabeza espiritual, no tenemos que pecar. Podemos no pecar **ya que morimos con Cristo.** Esta identificación con Cristo resulta en compartir con él el triunfo de su resurrección. Andamos en novedad de vida.

*"Que nuestro viejo hombre **fue crucificado juntamente** con él"*
Ésta es la clave, la declaración de que Dios puso fin de una vez para siempre al poder de la naturaleza adánica. Pablo en otros pasajes habla de la carne (Gálatas 2:20), la vieja manera de vivir (Efesios 4:22), describiendo lo que hacíamos antes estando en Adán. Es interesante que no haya palabra "juntamente" en el texto original, pero la idea exacta es que nuestra naturaleza vieja fue a una co-crucifixión con él en su muerte. Él murió y nosotros morimos a la vez; esta muerte tomó lugar hace 2.000 años. Es una muerte espiritual y judicial que Dios mismo efectuó.

Nos cuesta comprender tal identificación, pero el texto claramente no nos deja otra alternativa. Es la pura verdad y debe tomarse por fe. Ahora entendemos un poco más que *"el justo por la fe vivirá";* es la divisa del creyente. En la justificación, Cristo murió en nuestro lugar —sustitución; en la santificación **morimos en Cristo al pecado** —identificación. Ya que la muerte corta toda relación legítima del pecado, somos libres de la tiranía del pecado, la naturaleza humana con su orgullo, enojo, impureza, lascivia, mentira, y desánimo, entre otras.

*"Para que el cuerpo del pecado **sea destruido"***
Emerge ahora el propósito mismo de Dios; nada menos que poner fin a la tiranía de la vieja naturaleza, la carne que se opone a Dios en todo momento. El verbo en griego es *"katargeo"* y consta de un intensivo que implica hacer cesar y la raíz significa rendir inútil y nulo, estar inservible, no eficiente.

Este verbo aparece en otras porciones; otros usos pueden aclararnos su significado. El escritor de Hebreos dijo: *"...él también participó de lo mismo, para destruir ("katargeo") por medio de la muerte al que tenía el poder la muerte, esto es, al diablo"* (Hebreos 2:14). Es bien evidente que el diablo no dejó de existir; sólo queda destruido en el sentido de que no tiene ningún derecho de mandar y controlar al creyente.

Otro uso del mismo verbo está en 2 Timoteo 1:10: *"Pero que ahora ha sido manifestada por la aparición de nuestro Salvador Jesucristo, el cual quitó ("katargeo" - abolió, destruyó) la muerte y sacó a luz la vida y la inmortalidad por el evangelio".* La muerte de Jesús destruyó el poder de la muerte. La muerte, como el fallecimiento físico, sigue como una triste realidad pero sin temor alguno para el creyente.

Se debe notar que morimos nosotros al pecado, no que el pecado nos hiciera morir a nosotros. Dios establece bien claro que él declaró muerto el viejo "yo". Dios no puede mentir al darnos a entender la verdad de su *"fiat"* o su decreto. Tristemente la vida adánica puede manifestarse de nuevo, pero no es culpa de Dios, ni que no sea una realidad espiritual, sino que es culpa nuestra al no creer y obedecer al decreto que él hizo hace 2.000 años. Las condiciones o los pasos que damos y que nos llevan a la victoria vienen presentados en Romanos 6:7-14.

*"Para que **el cuerpo del pecado** sea destruido"*

La frase el "cuerpo del pecado" viene siendo el vehículo del pecado. El mal no es el cuerpo mortal o físico, como han enseñado mal los legalistas y ascetas. El cuerpo del creyente es el templo del Espíritu Santo, por eso no es malo. Dios va a resucitar el cuerpo en su segunda venida. Sin embargo, la naturaleza adánica reside como una energía o dinámica en el ser humano/en el cuerpo.

En ese sentido la carne se hace manifiesta a través de su control dañino del cuerpo. Cuando el creyente no concede en fe el lugar al Espíritu Santo para introducir la vida resucitada de Cristo, la carne aparece y se hace manifiesta. Pero tal es una anomalía en el creyente quien debe tomar su lugar con Cristo muerto al pecado y vivo para Dios.

Pablo enumera las obras de la carne muy relacionadas con el cuerpo bajo el control de viejo "yo" y el diablo: *"Manifiestas son las obras de la carne que son: adulterio, fornicación, inmundicia, lascivia...*" (Gálatas 5:19). Esta lista de las obras de la carne viene en el mismo capítulo en que Pablo habla mucho del andar en el Espíritu y el fruto del Espíritu. Pero el rumbo de Romanos 6:6 es que esa vida adánica ya perdió su derecho de reinar en el creyente. Dios la juzgó de una vez como incorregible aun para el Dios omnipotente.

"A fin de que no sirvamos más al pecado"

La finalidad de este decreto divino es la liberación del creyente del viejo hombre, el "yo". Dios ha logrado el propósito, primero expresado en Génesis 3:15 el *"protevangelium"* anunciado justo al diablo y a oídos de nuestros primeros padres. *"Pondré enemistad entre* ti (serpiente) *y la mujer* (la virgen de Lucas 2) *en entre tu simiente y la simiente suya* (Cristo); *ésta te herirá en la cabezas, y tú le herirás en el calcañar"*. El último golpe profetizado se le ha dado libertad al creyente de la esclavitud del viejo hombre.

Dios lo profetizó en el preciso momento de la caída del hombre; lo llevó a cabo sin que el ser humano pudiera hacer cualquier cosa. Esto establece que Dios opera en pura gracia sin la cooperación meritoria del hombre. No es lo que hagamos nosotros sino lo que Él mismo hizo en pura misericordia. Ésta es la justicia de Dios con base en la muerte vicaria de Cristo. Ésta es la buena nueva que Dios anuncia. **Éste es el mensaje de la Cruz.**

Romanos 6:6 viene siendo la respuesta final a la pregunta: *"¿Qué, pues, diremos? ¿Perseveraremos en el pecado* (dando rienda suelta al pecado, la naturaleza adánica) *para que la gracia abunde?"*. Dios anuncia con doble propósito la muerte de su amado Hijo: el perdón en abundancia por los pecados cometidos, con la declaración de nuestra justicia perfecta imputada al *"impío que cree"*. Todo es nuestro por la gracia de Dios.

Pero Dios apenas ha empezado. La justificación es seguida de la santificación de la manera que en su muerte morimos, en su sepultura fuimos enterrados y en su resurrección fuimos levantados para poder vivir en plena victoria sobre la herencia adánica. Somos libres del "yo", nuestro enemigo más cercano. Somos libres del pecado para ser siervos de la justicia. ¡Qué canje más bendito de vida!

Implicaciones de la verdad de nuestra identificación con Cristo en muerte al pecado

La Cruz es la última respuesta divina al problema de los pecados plurales. No importaba qué forma tomaran. En Romanos 1:18-3:20, Dios condenó la injusticia del pecado. En Romanos 2 condenó en forma más contundente la justicia propia del religioso, mayormente el judío. En Romanos 3:1-20 dio su sumario condenatorio del mal humano.

Su respuesta sería nada menos que la muerte de su Amado Hijo, poniendo así en vigor la ley: *"el alma que pecare, ésa morirá"*. Su ira cayó sobre su Hijo puesto por nuestra propiciación. Quedó vindicada la ley y satisfecho el Juez justo. ¡Qué combinación de la maravilla de su gracia!

Pero todavía queda el mal, el pecado (singular), la vieja manera de vivir, la vida heredada en Adán. No habría una salvación que valdría la pena sin tomar en cuenta la causa, la raíz que produjo tanta mala hierba. Esta naturaleza produce orgullo, enojo, mentira, actitudes de desánimo, compasión para sí y rebeldía, entre otros. No había manera de retocar tal mal, de mejorar esa naturaleza tan incorregible. El viejo "yo" de igual manera requería la Cruz. Lo llevó a la Cruz y puso fin a su poder y control. Fue el golpe aplastante a la cabeza del diablo, el viejo dueño (Génesis 3:15).

Hay un punto más. Dios no consultó con nosotros, puso al *"impío que cree"*, es decir, nosotros en su Amado Hijo. Cuando lo crucificó nos co-crucificó también, un remedio radical pero absolutamente necesario. Ésta debe ser la lección que nos corresponde. Éste es el trasfondo de la palabra de Jesús: *"Si alguno quiere venir en pos de mí, niéguese a sí mismo, y tome su cruz, y sígame. Porque todo el que quiera salvar su vida, la perderá; pero el que pierda* (aborrece – Lucas 14:6) *su vida por causa de mí, la hallará"* (Mateo 16:24, 25). Una última palabra para finalizar esta lección, recordemos que empezamos con el gerundio **conociendo esto.** Al decir "esto" estamos hablando de un andar por fe, un proceso diario que requiere sólo la fe y la obediencia. Lo aprendemos en la medida que "desaprendamos" a confiar en nosotros, a no confiar en nuestros esfuerzos, nuestros talentos y aun nuestro servicio en su nombre.

Capítulo 16

La médula del andar diario victorioso del creyente
Romanos 6:7-14

Desde la cruz Jesús exclamó: *"Consumado es"*. Luego la Escritura dice: *"Y habiendo inclinado la cabeza, entregó el espíritu"* (Juan 19:30). Lo que Dios había prometido en Génesis 3:15, se cumplió en ese mismo momento en Gólgota. Tres días después Jesús resucitó, cuarenta días después ascendió y en el Día de Pentecostés mandó al Espíritu Santo inaugurando así la Iglesia, el Cuerpo de Cristo.

Pablo, bajo la inspiración del Espíritu Santo, quita el velo de esa muerte única, una muerte vicaria y a la vez *representativa*. Cristo murió por el *"impío que cree"*, justificándolo ante el Juez justo. Pero Romanos 6:6 agrega nuestra muerte judicial y *representativa*. *"Conociendo/sabiendo esto, que nuestro viejo hombre fue crucificado juntamente con él, para que el cuerpo del pecado sea destruido, a fin de que no sirvamos más al pecado"*.

Son estos dos aspectos los que nos dan el cuadro completo de nuestra *"salvación tan grande"* (Hebreos 2:3). En breve, la obra de la Cruz tiene dos caras: Cristo ocupando mi lugar —la justificación; y "yo" en Cristo muerto al pecado y vivo para él —la santificación.

Las afirmaciones basadas en estas dos caras - Romanos 6:7-10

Pablo vuelve a reiterar que la muerte termina cualquier relación que antes existía. El apóstol volverá a tocar ese tema en cuanto a la ley (Romanos 7) y el mundo (Gálatas 6:14). La ley exige la muerte del pecador: *"Porque la paga del pecado es muerte"* (6:23a). La regla es que la muerte en sí justifica y cancela toda deuda o culpa. No se puede morir dos veces.

Había la costumbre en Gran Bretaña de que después de ser ahorcado el infeliz, la noticia salía en el periódico: "Fulano de tal fue justificado a tal y tal hora". La ley ahora no tendría más poder sobre él. Pero la persona ya había sido ejecutada y al estar muerta no viviría más para gozarse de tal "justificación".

La muerte de Cristo, tanto la sustitutiva como la judicial nuestra, no es así. *"Y si (puesto que) morimos con Cristo, creemos que también viviremos con él; sabiendo que Cristo, habiendo resucitado de los muertos, ya no muere; la muerte no se enseñorea más de él"* (6:8, 9).

Una verdad establecida más allá de duda es que compartimos tanto la muerte como la resurrección de Jesús. Pablo está afirmando sobre bases bien firmes que de igual manera a nosotros nos corresponde tal verdad de su resurrección. Es un hecho de fe fundado en la finalidad de su muerte y resurrección.

Pablo va poniendo la base de nuestra santificación. Lo que a Cristo le pasó, a nosotros también nos pasó. No puede ser de otra manera. Pero Pablo va a un punto más allá en versículo 10: *"Porque en cuanto murió, al pecado murió una vez por todas; mas en cuanto vive, para Dios vive"*.

Se ha dicho que en el establecimiento del reino de Isabela la Católica de Castilla y Fernando de Aragón, cuyo matrimonio era más político que romántico, tenían esta divisa: "Tanto monta como monta tanto". Esto fue para indicar la igualdad de autoridad y de las pertenencias. En el caso histórico de España, "¡montaba más Isabela que el pobre Fernando!"

Volviendo a nuestro texto (6:10) se debe fijar bien en la fraseología de Pablo. *"En cuanto murió, al pecado murió una vez para todas; mas en cuanto vive, para Dios* vive". Si comparamos textualmente la sintaxis de versículo 10 con la de Romanos 6:2, vemos la mismísima construcción que no puede ser confundida — *"porque los que **morimos al pecado**, ¿cómo viviremos aún más en él?"*.

No puede haber duda sobre este punto. Lo que a Cristo le pasó en la cruz, a nosotros también nos pasó. Claro que él sigue siendo el único Hijo de Dios y nosotros los hijos de Dios por la gracia de Dios Padre. Pero el impacto y la eficacia de su muerte resultan en nuestra unión espiritual y orgánica, de manera que podemos gozarnos de todos sus beneficios. Con base en este argumento tan sólido, Pablo introduce los pasos que le corresponden al creyente, el que va caracterizado por seguir creyendo.

El creyente no aporta nada al objeto de nuestra fe; es decir, a Cristo y su obra en la Cruz. Sólo recibe lo ofrecido en pura gracia de Dios. He comparado muchas veces la fe con el acto de extender la *mano vacía* para recibir lo ofrecido en la pura bondad de parte de aquel que lo ofrece. Nunca debemos confundir la fe con el mérito, nuestros esfuerzos inútiles, nuestras buenas obras y actos religiosos.

Los pasos de la fe y las riquezas de nuestra unión con Cristo - Romanos 6:11-14

Si prestamos mucho cuidado al contexto, Pablo continúa su argumento del primer Adán y el Postrer Adán. Recordamos en Romanos 5:12-21 los contrastes (2) y las comparaciones (3) del primer Adán con el Postrer Adán. Se destaca cinco veces el **MUCHO MÁS** de manera que sobresale el triste pasado del nacido en pecado en Adán. Pero ya que estamos en unión con Cristo, se destaca cinco veces el **ASÍ TAMBIÉN** en nuestro glorioso presente renacidos, muertos al pecado y vivos para Dios (5:21; 6:4, 5, 8, 11).

1.) Consideraos/contaos muertos y vivos: acto positivo de fe - Romanos 6:11

Pablo ahora en forma concisa y clara nos da el cómo de experimentar esta bendita unión con Cristo.

Por primera vez en Romanos 6 aparece una orden, un mandato. Hasta aquí se ha dado en el aoristo/pasado, en la voz pasiva, es decir, lo que Dios nos hizo y lo que recibimos de parte de él. Pero ahora cambia el enfoque y nos obliga a contar con lo dicho por Dios. El trasfondo de este verbo es de lo concreto de la contaduría, tomar inventario, estimar, concluir lo seguro y cobrar un cheque.

La orden de contar viene en el modo imperativo, tiempo presente progresivo; no hay otra opción. Dios le **contó** a Abraham la justicia por haber creído (Génesis 15:6). Pablo usa el mismo verbo en el verso 11 para expresar la seguridad de nuestra salvación por fe: *"... para que* (Abraham) *fuese padre de todos los creyentes no circuncidados, a fin de que también a ellos la fe les* **sea contada** *por justicia"* (Romanos 4:11). La seguridad de Abraham al recibir la justicia de Dios, ahora nos corresponde en nuestro **contar** de estar muertos al pecado y vivos para Dios. Es tanto para Abraham como para nosotros.

En breve, nuestro "contaos muertos" es un *acto de fe* basado en el carácter de Dios de habernos contado justos en la muerte de su Hijo. Es un acto de la voluntad renovada por el Espíritu Santo. *"Y renovaos en el espíritu de vuestra mente, y vestíos del nuevo hombre..."* (Efesios 4:23, 24). Ese **acto** de fe seguirá siendo *una actitud de fe* constante al echar mano de la verdad que Dios mismo afirma. No es una obra nuestra, sino la acción de tomar lo que Dios nos dice. No tiene nada que ver con una lucha, esfuerzo o mérito. Es un escoger nuestro basado en el carácter de Dios mismo.

Tan simplemente como nos salvó en el primer instante, fue la acción de tomar por fe lo prometido, el perdón de nuestro pecado. Así sucede el andar en santidad. Ni mérito en el primer instante ni tampoco en la continuación de la vida en santidad. **Nuestra** respuesta a esta orden es la médula de la vida cristiana abundante en Cristo.

2.) No reine, pues, el pecado - Romanos 6:12

La palabra "pues" es fundamental: es una conjunción que nos devuelve a lo dicho anteriormente. Debe haber en lo dicho en el verso 11 la capacidad y el poder de no dejar reinar más el pecado, la naturaleza adánica. Quiere decir que nuestro contar basta, al fin de cuentas, para cancelar el poder de seguir siendo controlados por cualquier pecado secreto o abierto. Esto es tomar por fe la verdad espiritual de Romanos 6:6 "*a fin de que no sirvamos más el pecado*". El mero hecho de que Dios nos da el mandato quiere decir que podemos hacer que no reine el pecado. No nos da nunca una orden imposible de realizarse en su poder.

En breve, Pablo nos dice ya que hemos contado en fe con lo que Dios exige en 6:11; ahora no debemos dejar que siga reinando "*el pecado en vuestro cuerpo mortal, de modo que lo obedezcáis en sus concupiscencias*. Como se dice en tenis: "*The ball is in your court*" (La pelota está en tu cancha). De inmediato el creyente no tiene que dejar reinar la naturaleza pecaminosa. Además, nótese que Pablo usa el verbo "reinar" que implica la presencia controlante del mal, no la ausencia del mal.

Pero tal presencia no le da el derecho de reinar o controlar al creyente. Pablo no nos enseña la perfección del santo mientras vive en este cuerpo mortal. El preciso hecho que describe el cuerpo mortal implica que habrá tensión y la posibilidad de fallar.

Aun en Romanos 5:12-21 al comparar y contrastar al primer Adán con el Postrer Adán, Pablo usa tres veces el mismo verbo "reinar". Es verdad que el pecado adánico persiste en el verdadero creyente, pero que ya no tiene que reinar en nosotros (Romanos 5:14, 17, 21).

3). **Ni tampoco presentéis vuestros miembros al pecado como armas de iniquidad - Romanos 6:13**

El tercer mandato toma en cuenta lo anterior. Otra vez es el modo imperativo tiempo presente progresivo e implica que no deben seguir presentando sus miembros al pecado como si fuera una necesidad presente. Dios tiene un concepto muy realista de la vida cristiana en el cuerpo, pero no cede nunca el paso a la flojera. Pablo anticipa la inercia de la naturaleza pecaminosa.

La inercia se define según el diccionario de la Real Academia Española: "flojera, desidia, inacción; incapacidad de los cuerpos para salir del estado de reposo, para cambiar las condiciones de su movimiento y para cesar en él, sin la aplicación o intervención de alguna fuerza". La inercia es una regla de la física como la ley de la gravedad y la tomamos en cuenta siempre.

Un camión bien cargado viene para abajo; el conductor pone los frenos para evitar un desastre, pero en tal momento el camión no se para de inmediato. La fuerza del peso y movimiento crean una fuerte resistencia. Pablo reconoce que nuestra pasada manera de vivir puede desafiar nuestro andar presente. Pero, de todos modos, nos manda que no presentemos nuestros miembros a tal resistencia vieja.

Otra vez nos manda y nos obliga a no obedecer al pasado. Dios no admite que la vida cristiana es una lucha pesada o que solamente debemos procurar hacer lo mejor que podamos. **No es nuestra imitación de Cristo, sino nuestra participación en su propia vida que mora en nosotros.**

Es muy interesante que Pablo use el verbo "presentar". Definir este verbo es clave para entender que la vida cristiana no depende de nuestro mejor esfuerzo, activismo, imitación o por tratar de todos modos de alcanzar dicho nivel. El verbo significa "estar parado ante alguien, en su presencia tal como ante un juez o soldado que está parado ante el superior". Enseña no actividad sino más bien disponibilidad, listo a responder con pronta voluntad.

En mismo verbo aparece en Romanos 12:1: *"Así que, hermanos, os ruego por las misericordias de Dios, que presentéis vuestros cuerpos en sacrificio vivo, santo, agradable a Dios, que es vuestro culto racional".* No es hacer la lucha sino estar a la orden, disponible. Tal es la vida cristiana, estar a la orden de Dios en el poder de una vida resucitada.

4.) Sino presentaos vosotros mismos y vuestros miembros a Dios - Romanos 6:13b

Después de las primeras tres: 1.) contaos, 2.) no reine, pues, 3.) no presentéis vuestros miembros, Pablo da la cuarta orden: 4.) sino *presentaos a vosotros mismos a Dios.* Hasta ahora todo es por fe y la obediencia, el fruto de la fe. Pero un matiz nuevo y llamativo aparece; la acción ahora no es en el presente continuo sino un infinitivo aoristo. Aquel matiz en griego quiere decir: estar ante Dios con un aspecto final, decisivo, de total rendimiento al señorío de Cristo.

Es la finalidad de una entrega de *la voluntad* abarcando nuestro espíritu, alma y cuerpo (1Tesalonicenses 5:23). Tal entrega incluye no tan sólo los miembros: voz, ojos, manos, pies, mente, afectos, intelecto sino nuestra voluntad, el baluarte y la sede de toda decisión.

5.) Porque el pecado no se enseñoreará de vosotros; pues no estáis bajo la ley sino bajo la gracia - Romanos 6:14

Pablo nos asegura que al dar estos pasos de fe y obediencia en unión con el Crucificado, la vieja naturaleza adánica queda derrotada de una vez y no se enseñoreará jamás. Hay victoria plena, no con base en ningún esfuerzo nuestro sino al contrario por tomar por fe nuestra muerte con Cristo hace dos mil años. Ahora vivimos y caminamos bajo la gracia y no bajo la tiranía de la ley. Pablo ya ha presentado la verdad de victoria en Cristo. De esta manera el creyente puede llegar por la fe y obediencia a una unión espiritual con Cristo tal como está descrita en versículo 14.

Una verdad fundamental tanto en la justificación como en la santificación

No nos debe sorprender que Dios nos santifique precisamente como nos justificó y nos perdonó. Dios siempre opera bajo los principios de la gracia sin que el pecador o el santo aporte nada menos que el arrepentimiento y la fe en la obra consumada de su amado Hijo.

Pablo expresa bien estos principios: *"Porque por gracia sois salvos por medio de la fe; y es esto no de vosotros, pues es **don** de Dios; no por obras, para que nadie gloríe. Porque somos hechura (poema) suya, creados en Cristo Jesús para buenas obras, las cuales Dios preparó de antemano para que anduviéramos en ellas"* (Efesios 2:8-10).

Generalmente citamos los dos versículos con referencia sólo a la justificación o la salvación inicial. Pero en versículo 10 nuestra santificación opera bajo las mismas verdades de la gracia de Dios y la fe en nuestro objeto, el Crucificado.

El mapa de la victoria que sirve para el resto de Romanos

Los pasos hacia la victoria en Cristo están de manifiesto. Me gusta comparar estas verdades como un mapa de un viaje del Valle del Río Bravo al Distrito Federal, México. El mapa es indispensable. Pero tener el mapa en la mano con el entusiasmo de ir, no nos pone en la gran capital. Si queremos llegar, tenemos que hacer el viaje; el mapa nos indica sólo cómo llegar, qué ruta tomar o no tomar, hasta nos describe cómo se disfruta el camino. Pero todavía nos resta mucho. Pero queda una ventaja más: tener un guía que ya conoce el camino y nos acompaña, el Espíritu Santo. Es precisamente lo que Pablo nos revelará en unos versículos más (Romanos 7:1-6).

Pablo reconoce que queda mucho trecho que caminar. Examinaremos las importantes verdades relacionadas con cómo llegar al final a nuestro destino. Entre tanto, tiene mucho más que decirnos:

1.) Sigue hablando de los dos señores (Romanos 6: 16-23).

2.) Introduce otra gran verdad libertadora; ya morimos a la ley y nos casamos con el Cristo resucitado. Nos presentará al Espíritu Santo que nos servirá de guía hasta nuestro destino final (Romanos 7:1-6).

3.) Después nos describirá una triste desviación costosa en la lucha interna entre la ley que agita la carne y resulta en su *"¡qué miserable de mí! ¿Quién me librará de este cuerpo de muerte?"* (Romanos 7:7-25).

4.) Pero desde su total fracaso y quebrantamiento, nos introducirá a la llenura del Espíritu Santo, la cual nos capacitará para completar felices nuestro viaje en unión con nuestro novio, Jesucristo Señor nuestro (Romanos 8:1-13). Tal viaje nos espera.

Capítulo 17

El resumen de lo anterior: muerto al pecado y vivo para Dios

Romanos 6:15-23

En una exposición magistral, Pablo acaba de presentar un maravilloso cuadro de la vida victoriosa en unión con Cristo. Como base del argumento, el apóstol nos muestra que el justificado por la sangre del Cordero ha muerto al pecado y resucitado con el Hijo de Dios (6:1-6). Sin embargo, queda aún una pregunta por responder: ¿tiene que seguir pecando el justificado? La respuesta es contundente: "de ninguna manera".

La respuesta de Pablo tiene una lógica incontrovertible: ya muerto al pecado, es decir, al poder de esa esclavitud, *"cómo viviremos aún en él"*. El análisis final a la pregunta se cierra con broche de oro: *"Sabiendo (conociendo) esto, que nuestro viejo hombre fue co-crucificado con él, para que el cuerpo del pecado sea destruido* (rendido nulo, su poder sobre nosotros), *a fin de que no sirvamos más al pecado"*. Éste es el abecedario de la vida cristiana; tristemente muchos ignoran este golpe cósmico que Dios dio al poder del viejo hombre, algo no tomado en cuenta con base en la sola fe y obediencia.

Pablo establece más allá de duda la vital relación orgánica con el creyente: *"Porque en cuanto murió* (Cristo), *al pecado murió una vez por todas; mas en cuanto vive, para Dios vive"* (6:10). La frase que se repite varias veces es: **Así también.** De golpe nos da los pasos que necesitamos dar para entrar de lleno en esta unión espiritual con el Juez justo.

Así también (del mismo modo): 1.) cuéntate muerto y vivo... 2.) no dejes reinar en ti el pecado como tirano... 3.) no presentes tus miembros al pecado... 4.) preséntate tú mismo, y tus miembros, como armas para la justicia (6:11-13). **En corto resumen, tenemos los únicos pasos que nos urgen; son pasos de la fe santificadora y la obediencia.** Aquí está la vida cristina práctica en una sola cápsula.

Tenemos todo esto sólo con base en el veredicto de Juez supremo que nos declaró tan justos como su propio Hijo (Romanos 3:21-26). La justificación nos garantiza tal posición irrevocable; viene siendo la base de la santificación, el tema que ahora ocupa a Pablo.

En la siguiente versículo Pablo nos da el bendito resultado: *"Porque el pecado no se enseñoreará sobre vosotros; pues no estáis bajo la ley, sino la gracia"* (6:14). Introduce el tema de la ley, el cual desarrollará en Romanos 7.

Quizá uno pregunte por qué hay tanto repaso de lo escrito. La respuesta es que la repetición es la madre del aprendizaje. No podemos decir que hemos leído o escuchado demasiado cuando se trata de estas verdades fundamentales.

El bosquejo general del tema de la santificación en Romanos

Para poder ver el cuadro grande y captarlo a vuelo de pájaro, volvamos a Romanos 5:1-8:39.

- Un vistazo atrás a la justificación (3:21-4:25) y otro hacia adelante para ver la santificación (5:1-8:39).
- Introduce la santificación mediante un 'puente' (5:9-11); y sigue los cinco **MUCHO MÁS** del postrer Adán frente al Primer Adán (5:12-21).
- Nuestra identificación con Cristo muertos y vivos y los pasos que la hace una bendita realidad (6:1-14).

- Una recapitulación de la transformación que nos lleva de la esclavitud del pecado a ser siervos de la justicia (6:15-23), el presente estudio.
- Presenta un nuevo aspecto de nuestra unión con Cristo: casados con el Resucitado y el ministerio eficaz del Espíritu Santo (7:1-7).
- Desafortunadamente, siguen los pasos falsos de vivir bajo la ley esclavizadora: "¡Miserable de mi!" (7:7-25).
- Ahora ninguna condenación tiene poder sobre nosotros, el gran cómo de responder al Espíritu Santo que nos da una victoria constante por la fe (8:1-13).
- El creyente ahora goza de las bendiciones de la vida espiritual, identificado con Cristo, y participa en su vida resucitada (8:14-39).

Ya ubicados en el cuadro grande de la santificación, Pablo en Romanos 6:15-23 vuelve a hacer uso de una frase dialogal que ya había usado en 6:1: *"¿Qué pues diremos? ¿Perseveraremos en el pecado…?* Ahora en 6:15 la frase es: *"¿Qué, pues? ¿Pecaremos, porque no estamos bajo la ley, sino bajo la gracia?".* Y la vuelve a usar por tercera vez en 7:7: *"¿Qué diremos, pues? ¿La ley es pecado?".* Cada vez responde Pablo con el contundente: *"En ninguna manera".* Es su forma de llamarnos la atención y provocar diálogo y reflexión.

Pablo responde a la pregunta: ¿pecaremos bajo la gracia?

Pablo anticipa que a primera vista se piensa que la ley frenaría el pecado. Por eso confronta directamente semejante error. La gracia, no la ley, cancela el poder del pecado. *"Tales cosas tienen a la verdad cierta reputación de sabiduría en culto voluntario, en humildad y en duro trato del cuerpo; pero no tienen valor alguno contra los apetitos de la carne"* (Colosenses 2:23).

Tal defensa de la gracia, como remedio del pecado, es el trasfondo de este párrafo que sirve de cierta pausa entre la justificación como la verdadera base de la santificación (Romanos 6:1-14) que continúa en Romanos 7:1- 6.

Otros antes habían acusado a Pablo de haber enseñado que la gracia le conduce a uno al libertinaje o la licencia (3:3; 6:1). Su respuesta contundente fue: *"En ninguna manera"*. Su argumento sigue la lógica simple: a quién uno se somete, tal es su señor y quien lo manda, o sea a la desobediencia para muerte o a la obediencia para la justicia. Llegamos a ser esclavos de aquel a quien rendimos cuentas en cualquier área de la vida. La obediencia nos hace esclavos. No puede ser de otra manera, cada causa tiene su efecto necesario y lógico.

Pero ahora Pablo muestra gozo al decir: *"Pero gracias a Dios, que aunque erais esclavos del pecado, habéis obedecido de corazón a aquella forma* (molde) *de doctrina a la cual fuisteis entregados; y libertados del pecado, vinisteis a ser siervos de justicia"* (6:17-18). Pablo vuelve a asegurar a los romanos que Dios en su infinita misericordia intervino y rompió la vieja relación con el mal. Por su declaración de ser tan justos como su Hijo, Dios los libertó de una vez. El apóstol, siguiendo su lógica, nos aclara que una vez liberados del pecado, ahora son **esclavos de la justicia.**

No es cuestión de seguir pecando ya que están bajo la gracia de ese gran veredicto de la justificación. Pablo usa una analogía llamativa: Obedecemos libremente de corazón porque Dios nos vació, nos echó en el molde de esta gloriosa verdad de nuestra identificación con nuestro hermano mayor. Tal unión con Cristo en muerte y resurrección rompe cualquier relación nefasta anterior.

Pablo insiste en que tomen muy en serio aquella posición irrevocable que resulta en una nueva condición de santidad. La gracia es la cobertura de una vida de santidad. Lejos de restringir el pecado, la ley lo provoca y los esclaviza.

Esclavos de la justicia, nuestra nueva posición

Pablo usa como ejemplo actual la esclavitud en la sociedad romana, a la vez tan común y tan hostil, como la relación que puede existir, pero por vía opuesta, *esclavos de la justicia*. Hoy en día, en nuestra cultura democrática, no apreciamos aquella esclavitud social tan dura. Los dueños iban al mercado y compraban los esclavos como si fueran sólo unos kilos de carne. Eran condiciones abismales e injustificables.

Quizá nos sorprende tal imagen como exhibición del creyente para con Dios. Pero para Pablo su mayor gloria era ser <u>esclavo</u> (del griego *doulos*) de Cristo. Así se presenta el apóstol cuando saluda en Romanos 1:1: *"Pablo, <u>siervo</u> de Jesucristo, llamado a ser apóstol, apartado para el evangelio de Dios".*

No era nada incongruente ser *embajador en cadenas* (Efesios 6:20), un *"doulos"* y apóstol llamado a servir con dignidad divina. Bajo esa imagen extraña Pablo da a entender que pertenece a Jesús; Él es su todo en todo. Jesús tiene control de su vida de manera exclusiva y para siempre. Lejos de seguir oponiéndose a su dueño, se somete a Él con una devoción mayor y creciente.

La esclavitud del judío del Antiguo Testamento: la esclavitud del amor

Pablo, tal vez, pensaba más en la esclavitud del judío en el Antiguo Testamento que en la época romana de sus días. Es muy significativo que en Éxodo 21:1-6 después de dada la ley los primeros reglamentos tenían que ver con la esclavitud del judío. Ser esclavo sería inevitable en tiempos duros. Pero Dios puso límites. Tal condición podría existir máximo por 6 años. En el séptimo el dueño tendría que ponerle en libertad. Si había entrado sin nada, el dueño lo dejaría salir de balde. Dios no permitiría la esclavitud perpetua entre su pueblo.

Pero sigue una hermosa posibilidad: *"Y si el siervo dijere: <u>Yo amo a mi señor</u>, a mi mujer y a mis hijos, no saldré libre; entonces su* *amo lo llevará ante los jueces, y le hará estar junto a la puerta o al poste; y su amo le horadará la oreja con lesna, y será su siervo para siempre"[5].*

En esta hermosa costumbre se puede notar de que hay una clase de esclavitud de amor para con nuestro Señor. Para Pablo y para nosotros es la solución que nos ayuda a no pecar; es una expresión de amor a nuestro dueño celestial. La gracia y el amor de Dios nos restringen y hace más que lógica la sumisión voluntaria, de todo corazón.

Una mirada retrospectiva, la inutilidad del pasado - Romanos 6:19-21

Para enfatizar lo inútil de la pasada lucha con el pecado, Pablo apela a su memoria. Cuando estaban bajo el dominio de la vieja naturaleza, presentaban sus miembros para servir a la inmundicia y a la iniquidad. Tal era su reacción: poniéndolos al servicio del pecado. Del mismo modo, pero *por otro rumbo,* pueden ahora presentar sus miembros para, en santificación, servir a la justicia.

Aquí oímos ecos de Romanos 6:13: *"ni tampoco presentéis vuestros miembros al pecado como instrumentos de iniquidad, sino presentaos vosotros mismos a Dios como vivos de entre los muertos, y vuestros miembros a Dios como instrumentos de justicia".*

Bajo el viejo dueño, el pecado (en singular, pues es el del primer Adán), era tan fácil dejarse seducir por el mal, dejándose llevar tras esa corriente. ¿Pero en qué resultó? ¿Qué provecho se logró? Bajo el dominio de tal dueño se vive como esclavo del pecado y libre de la justicia (6:20). ¿Vale la pena volver a vivir en tal tiranía? *"¿Pero*

---

[5] Quedo muy endeudado con los escritos de Dr. Handley C. G.Moule, catedrático de la Universidad de Cambridge; su especialidad fue el griego clásico. Fue autor de varios libros formidables sobre las epístolas de Pablo.
H.C.G. Moule, The Epistle to the Romans, (London: Pickering & Inglis Ltd), edición sexta, pp. 170-180.

qué fruto teníais de aquellas cosas de las cuales ahora os avergonzáis? Porque el fin de ellas es muerte" (6:21).

La plena victoria en el Crucificado, un cierre con broche de oro - Romanos 6:22, 23

Una vez más Pablo mediante el uso de la frase en momentos críticos introduce un cambio del argumento o una conclusión importante. El primer uso notable fue después de la larga condenación del pecado (Romanos 1:18-3:20) vuelve a decir: "**Pero ahora,** aparte de la ley se ha manifestado la justicia de Dios (Romanos 3:21).

Así se abre un capítulo nuevo en la epístola, se pasa de la denuncia del pecado al anuncio de la justificación. El segundo uso de **Mas ahora** marca la conclusión de nuestra identificación, nuestra muerte, sepultura y resurrección con Jesús en aquella cruz. "**Mas ahora**, que habéis sido libertados del pecado y hechos siervos de Dios, tenéis por vuestro fruto la santificación, y como fin, la vida eterna" (6:22).

Pablo da comienzo al párrafo con la pregunta: "¿Qué, pues? ¿Pecaremos porque no estamos bajo la ley, sino bajo la gracia? En ninguna manera". El fin práctico de la salvación, su esencia, es la santificación, una vida de libertad sin libertinaje, sirviendo a Dios como esclavo pero ya libre de la tiranía del pecado. Todo esto no es el producto de las obras de la ley, sino que es resultado de la gracia de Dios en Cristo Jesús.

Pablo vuelve vez tras vez para fundar la verdadera justicia divina en la obra de la Cruz. No se cansa nunca de proclamar la justificación como aquel acto divino por el cual Dios declara justo **al impío que cree,** y lo declara tan justo como su propio Hijo. No es tan sólo una declaración de la justicia sino que es la garantía de los medios disponibles para crecer en gracia, haciéndonos herederos de Dios y coherederos con Cristo (Romanos 8:17). La justificación no tan sólo pone de una vez la base de nuestra aceptación ante

Dios sino que también nos provee la confianza de tomar nuestra posición en Cristo ya muertos, pero vivos para vivir en novedad de vida.

Es interesante que en Romanos 6 no aparezca ninguna referencia directa al Espíritu Santo. Eso vendrá con claridad en el capítulo 7. La razón es que Pablo quiere que **sea conocida la verdad de la Cruz como la base *objetiva* de la santificación.** Es cierto que con la obra del Espíritu introducida en su debido lugar entra el factor subjetivo. Pero la base objetiva se debe establecer primero para que la obra sea de Dios, el único que recibe la honra y la gloria. Dios no comparte su gloria con nadie.

Otra verdad para notar en este párrafo es que Pablo hace manifiestos los dos caminos, los dos fines. El Maestro mismo lo aclara: *"Entrad por la puerta estrecha; porque ancha es la puerta, y espacioso el camino que lleva a la perdición, y muchos son los que entra por ella; porque estrecha es la puerta, y angosto el camino que lleva a la vida, y pocos son los que la hallan"* (Mateo 7:13, 14).

Pablo los identifica cuando dice: *"sea el pecado para muerte, o sea de la obediencia para justicia"* (6:16). Y otra vez: *"Porque el fin de ellas es muerte, **mas ahora** que habéis sido libertados del pecado y hechos siervos de Dios, tenéis por vuestro fruto la santificación, y como fin, la vida eterna"* (6:21, 22).

El colmo del párrafo que pone fin a la pregunta interrogativa es el versículo que damos al incrédulo tantas veces en el evangelismo. Pero el contexto lo pone en el andar del creyente. El fin de los dos caminos, dos *modus operandi*, tiene un fuerte contraste. *"Porque la paga del pecado es muerte[6], mas la dádiva de Dios es vida eterna en Cristo Jesús Señor nuestro" (6:23).* Sólo existen dos caminos, o la gracia en Dios manifestada en la cruz —obra totalmente de Dios Juez, o la muerte eterna.

---

[6] Ibid, p.178. La palabra se refiere al estipendio (salario) muy poco del que siempre se quejaba el soldado.

Es interesante que la conclusión final de la santificación en Romanos 8:12, 13 nos devuelva a la misma verdad: *"Así que, hermanos, deudores somos, no a la carne, para que vivamos conforme a la carne; porque si vivís conforme a la carne, moriréis; mas si por el Espíritu hacéis morir las obras de la carne, viviréis".*

Pablo no termina poniendo en tela de juicio el fin de la muerte para el creyente sino que hace destacar que todo lo que Dios hace para el creyente es pura dádiva. Tanto la justificación como la santificación y aun la glorificación nos vienen por la gracia inmerecida de Dios (Romanos 8:28-30).

Nunca podrá glorificarse el creyente. Toda la honra y toda la gloria pertenecen a Dios que puso en marcha nuestra salvación tan grande. Dios empieza por mostrarnos su gracia y termina su obra de gracia para recibir *"la alabanza de la gloria de su gracia"* (Efesios 1:6, 12, 14).

Capítulo 18

La vida abundante: un querer, no un deber difícil
Romanos 7: 1-7

Por fin Pablo está listo para poner la piedra angular del evangelio en su plenitud, el bendito ministerio del Espíritu Santo en la vida del creyente. Sin la tercera persona de la trinidad no hay victoria para anunciar. El Espíritu siempre responde al mensaje de la Cruz; es un mensaje Cristo-céntrico.

"Pero cuando venga el Espíritu de verdad, él os guiará a toda la verdad; porque no hablará por su propia cuenta, sino que hablará todo lo que oyere, y os hará saber las cosas que habrán de venir. El me glorificará; porque tomará de lo mío, y os lo hará saber. Todo lo que tiene el Padre, es mío; por eso dije que tomará de lo mío, y os lo hará saber" (Juan 16:13-15).

Pablo, en el desarrollo del tema de la santificación, ha trazado las verdades básicas sobre las cuales el Espíritu hará su obra maestra: facilitar la morada, por fe, de la misma vida de Cristo crucificado y resucitado en nosotros.

El apóstol de la Cruz empezó por identificar al Postrer Hombre, Cristo, cabeza de una nueva raza, MUCHO MÁS poderoso que el primer hombre, Adán, que nos involucró en el pecado (Romanos 5:12-21). Luego estableció las bases de la victoria, nuestra identificación con el Crucificado, *morimos al pecado* de una vez cuando estamos en él (Romanos 6:1-6).

Hasta este punto, Dios lo hizo todo en el Crucificado. Ahora, con base en nuestra identificación con Cristo, nos recuerda que debemos contarnos muertos y vivos. No debemos dejar reinar el pecado. Y nos exhorta a no seguir presentando nuestros miembros al pecado, sino que de una vez nos invita a presentarnos nosotros mismos a Dios; porque el pecado no se enseñoreará más de nuestras vidas.

La Biblia nos afirma en esta posición cuando dice: *"Pues no estáis bajo la ley, sino bajo la gracia"* (Romanos 6:11-14). Luego sigue el compromiso de no seguir pecando, siendo más bien esclavos de la justicia porque obedecemos a nuestro nuevo Señor de todo corazón (Romanos 6:15-23).

Nuestra posición es siempre en gracia, tanto en la justificación como en la santificación

Todo lo anterior nos prepara para el tema que nos ocupará. Pablo había dicho en Romanos 6:14 *"Porque el pecado no se enseñoreará de vosotros; pues no estáis bajo la ley, sino bajo la gracia"*. Esta última frase necesita una explicación por que el tema de la ley es urgente. Antes Pablo había revelado que la ley sólo nos dio *"el conocimiento del pecado"* (3:20). Pero la ley no pudo de ninguna manera justificar o salvar al condenado.

Pablo sigue diciendo: *"Pero ahora, aparte de la ley, se ha manifestado la justicia de Dios, testificada por la ley y los profetas"* (3:21). La ley sirvió sólo para testificar de la justicia, nunca fue el agente proveedor. *"De manera que la ley ha sido nuestro ayo, para llevarnos a Cristo, a fin de que fuésemos justificados por la fe"* (Gálatas 3:24). Y otra vez dice: *"porque el fin de la ley es Cristo, para justicia a todo aquel que cree"* (Romanos 10:4). Aún le resta al apóstol corregir la relación de la ley con el creyente en su santificación, el tema por introducirse.

Una buena analogía: la muerte física cancela toda relación legal y conyugal - Romanos 7:1-3

Pablo vuelve otra vez al concepto de que la muerte pone fin a toda relación tanto legal como moral. Ya había usado esta analogía antes en Romanos 6, al explicar que la muerte vicaria de Jesús fue también la muerte judicial y representativa de nosotros mismos. Morimos en él al pecado; eso puso fin al dominio de la naturaleza pecaminosa en el creyente. No aniquiló la naturaleza, sino que rompió sus lazos de control sobre el creyente.

Después de decir que no estamos bajo la ley (Romanos 6:14), afirma que tenemos libertad de servir a nuestro nuevo amo en santificación (6:22). La misma muerte rompió nuestra relación con el pecado (6:6), el mundo (Gálatas 6:14) y la ley mosaica (Gálatas 2:19).

Pablo usa la analogía del matrimonio. En toda cultura, la muerte de un cónyuge rompe la unión matrimonial. La ley sólo puede gobernar a los que viven. Una vez muerto, nadie duda de que el otro cónyuge está en perfecta libertad de contraer matrimonio. El creyente ha muerto con el Crucificado. Al depositar su confianza en Cristo, ha roto toda su relación con el pecado.

Si no hay muerte, la ley rige y castiga al infiel. Usando esta analogía, Pablo hace una aplicación oportuna. No es necesario que se identifique precisamente quién es quién. El creyente es la mujer que murió a la ley que antes la mandaba. La ley no muere nunca porque siempre queda como la voz de la justicia, el transcripto del Dios santo.

El creyente murió al control de la ley que sólo provocaba el mal inherente. Pero en esa muerte en Cristo ya no vive más, habiendo pasado más allá de la jurisdicción de la ley. Está en perfecta libertad de casarse con el resucitado Hijo de Dios.

La desposada del Resucitado - Romanos 7:4-6

Como antes en ya lo había hecho en Romanos, Pablo hace la comparación entre el Crucificado y el creyente unidos en tal muerte y resurrección. La frase **"así también"**, usada seis veces, viene siendo la base de esta unión (5:19, 21; 6:4, 5, 11; 7:4).

*"**Así también** vosotros, hermanos míos, habéis muerto a la ley mediante el cuerpo de Cristo, para que seáis de otro, del que resucitó de los muertos, a fin de que llevemos fruto para Dios"* (7:4). Con este versículo Pablo introduce un concepto totalmente nuevo de la vida cristiana. Nuestra nueva relación **no es un deber exigido bajo la ley sino un querer voluntario, un enamoramiento del Novio Divino.**

Las implicaciones de este enamoramiento con base en nuestra unión mística

Muertos a la ley quiere decir verdaderamente: *"Porque yo por la ley soy muerto para la ley, a fin de vivir para Dios. Con Cristo he sido (co) crucificado, y ya no vivo yo, mas vive Cristo en mí; y lo que ahora vivo en la carne, lo vivo en la fe del Hijo de Dios, el cual me amó y se entregó a sí mismo por mí* (Gálatas 2:19, 20). La vida cristiana toma un viraje radical. No es nada más una cuestión de mí sino de él. Él viene siendo el objeto de mi corazón, la razón de mi existencia, el gozo sublime de mi espíritu.

Todo lo que suena a reglas y demandas, ritos, jactancia por años de servicio, logros en el ministerio, títulos, fama y reputación suenan huecos y egoístas hasta la blasfemia. No cabe ningún lugar para el orgullo "espiritual". Todo gira alrededor del Novio Divino.

Juan el bautizador lo expresó elocuentemente: *"el que tiene la esposa, es el esposo; mas el amigo del esposo, que está a su lado le oye, se goza grandemente de la voz del esposo; así, pues, este mi gozo está cumplido. Es necesario que él crezca, pero que yo mengüe"* (Juan 3:29, 30). Ésta es la verdadera humildad y el supremo gozo nuestro al contemplar el honor de estar casado con el Resucitado Hijo de Dios.

El ápice del matrimonio espiritual con Cristo

En tantas bodas cristianas se hace referencia a Efesios 5:21-33, pasaje en el cual Pablo pone la verdadera base de la unión conyugal. Pero al final de cuentas el matrimonio cristiano, la unión de los dos hechos de una vez una sola cosa es una mera sombra de la realidad espiritual de la santificación.

El matrimonio puede ilustrar el papel del amor, el compañerismo, el apoyo mutuo y el gozo de llevar fruto en una familia creyente. Sin embargo, nuestra unión con Cristo en la santificación trasciende la sombra; es la sustancia del amor divino. En lo personal, con sesenta y dos años de matrimonio feliz, junto con mi esposa hemos gozado y seguimos gozando de aquella sombra.

Parece que Pablo en Efesios 5 al hablar del matrimonio conyugal pierde su camino y habla de la sustancia de nuestra unión con Cristo como miembros de su Cuerpo. Habla de la sumisión de las casadas, pero la ennoblece comparándola a la Iglesia sumisa a Cristo, quien es la Cabeza de la Iglesia (Efesios 5:24).

Cuando habla del privilegio y el deber del marido transciende todo lo que el hombre pudiera hacer. Nos lleva a otra altura: *"Maridos, amad a vuestras mujeres, así como Cristo amó a la iglesia, y se entregó a sí mismo por ella, para santificarla, habiéndola purificado en el lavamiento del agua por la palabra a fin de presentársela a sí mismo, una iglesia gloriosa, que no tuviese mancha ni arruga ni cosa semejante, sino que fuese santa y sin mancha"* (5:25-27).Vuelve a los deberes cotidianos, pero no puede menos que terminar diciendo: *"Grande es este misterio; mas yo digo esto respecto de Cristo y de la iglesia"* (5:32). ¡Qué bendita distracción!

¡Ojala que captemos el raro privilegio de andar como los cónyuges espirituales de nuestro Novio Divino anticipando la Gran Cena de las Bodas del Cordero! (Apocalipsis 19:7-10).

El bendito ministerio del Espíritu Santo como la clave de victoria
Romanos 7: 5,6

Pablo llega a la encrucijada del tema de la santificación. Hasta ahora ha presentado la verdad fundamental que es nuestra identificación con Cristo, muertos al pecado. Romanos 6:6 es el nuevo punto de partida. Nuestra respuesta ha sido sencillamente un creer y actuar con base en esa muerte y resurrección (Romanos 6:11-14). El problema de pecar ya tiene su solución desde el punto de vista de Dios. No queda nada más por hacer.

No obstante, la ley puede ser un obstáculo a causa de nuestro deseo innato de responder en hacer la lucha. Siempre la carne quiere poner su parte o sea la buena o la mala. Por eso Pablo recuerda al creyente: *"Porque mientras estábamos en la carne, las pasiones pecaminosas que eran* (provocadas) *por la ley obraban en nuestros miembros llevando fruto para muerte. Pero ahora estamos libres de la ley, por haber muerto para aquella en que estábamos sujetos, de modo que sirvamos bajo el régimen nuevo del Espíritu y no bajo el régimen viejo de la letra"*.

Pablo introdujo la justificación con el primer "Pero ahora" en Romanos 3:21. En este tercer gran *"Pero ahora"* introduce al Espíritu Santo, la verdadera dinámica que provee la nueva motivación y el resultado. En resumen, es por el Espíritu Santo o no es nada. La ley provoca la maldad nuestra, niega la santidad, aumenta la frustración y por fin nos mata. *"El Espíritu es el que da vida; la carne para nada aprovecha; la palabras que yo os he hablado son espíritu y son vida"* (Juan 6:63).

Ésta es la otra alternativa que da la victoria que Pablo describirá en Romanos 8 con unas veinte referencias claras al ministerio del Espíritu Santo, pero no sin primero habernos descrito su propia lucha que resultó en "¡*Miserable de mí! ¿Quién me librará de este cuerpo de muerte?*" (7: 25).

Si volvemos a la mirada echada para atrás y para delante de Romanos 5:1-5 recordamos las siete bendiciones de la justificación: 1.) paz con Dios, 2.) entrada por la fe en todo momento, 3.) firmeza en esta gracia, 4.) la seguridad de nuestra esperanza. Aun en medio de tantas bendiciones, 5.) nos sorprende porque nos regocijamos en las tribulaciones porque obran a favor nuestro dándonos "*fruto apacible de justicia a los que en ella han sido ejercitados*" (Hebreos 12: 11). Pero lo mejor todavía viene 6.) el amor de Dios derramado en nuestros corazones, 7.) el Espíritu Santo que nos fue dado. En ese ambiente, Pablo empieza la trayectoria de la santificación. El Espíritu Santo es el único que reproduce en nosotros la vida de Cristo.

Lo incompatible de la ley y el Espíritu Santo y el tribunal de Cristo - 1 Corintios 3

¿Por qué ha esperado Pablo tanto para poner en perspectiva el rol del Espíritu? Pablo ha querido poner el fundamento firme y objetivo. A los corintios carnales Pablo les había dicho: "*De manera que yo, hermanos, no pude hablaros como a espirituales, sino como a carnales, como a niños en Cristo... Porque nadie puede poner otro fundamente que el que está puesto, el cual es Jesucristo*" (1 Corintios 3:1, 11). Así describe la situación de los corintios. Sobre tal fundamento les tocaba sobreedificar. El apóstol les había advertido: "*pero cada uno mire cómo sobreedifica*" (3:10).

Pablo describe la vida cristiana en forma de un edificio que ha sido construido poco a poco con diferentes materiales. El fundamento es Cristo crucificado. Pero los materiales son agudamente contrastados: oro, plata, piedras preciosas y, por otro lado, madera, hoja, hojarasca.

Todo lo anterior señala hacia el futuro, el tribunal de Cristo, cuando seamos evaluados. "*La obra de cada uno se hará* manifiesta; porque el día la declarará, pues por el fuego será revelada; y la obra de cada uno cuál sea, el fuego la probará" (3:13). Los materiales que resistirán el fuego son las obras del Espíritu Santo respondiendo a nuestra fe y obediencia a la Palabra de Dios. "Si permaneciere la obra de alguno que sobreedificó, recibirá recompensa" (3:14).

Madera, heno y hojarasca son las obras nuestras en la energía de la carne. Todo lo que procede del primer hombre, Adán, aun en nombre de Dios y ofrecido en años de servicio, Dios lo tendrá que rechazar. "Si la obra de alguno se quemare, él sufrirá pérdida, si bien él mismo será salvo, aunque así como por fuego" (3:15).

Qué desilusión en aquel día al reconocer tan tarde que Dios no acepta nunca lo mejor nuestro. Ya lo juzgó en su hijo en la cruz y sólo puede reconocer la obra de su hijo a través del Espíritu Santo. Me hago la pregunta: ¿cuánto tendré yo después de 62 anos de ministerio en su nombre, pero hecho en parte para mi propio bien? Dios nos guarde de las obras de la carne, aun hechas en su nombre con una motivación orgullosa.

Pero hay otro factor por ser evaluado: las relaciones entre los mismos hermanos. En la vida cristiana y en el trabajo de la iglesia, las relaciones tensas, los celos ministeriales, las rivalidades son una plaga muy fuerte. Pablo se dirige directamente a tal problema y nos apunta hacia el tribunal de Cristo.

"Pero tú, ¿por qué juzgas a tu hermano? O tú también, ¿por qué menosprecias a tu hermano? Porque todos compareceremos ante el tribunal de Cristo. Porque escrito está: Vivo yo, dice el Señor, que ante mí se doblará toda rodilla, y toda lengua confesará a Dios. De manera que cada uno de nosotros dará a Dios cuenta de sí. Así que, ya no nos juzguemos más los unos a los otros, sino más bien decidid no poner tropiezo u ocasión de caer al hermano" (Romanos 14:1-14).

Dios tendrá la última palabra en aquel día cuando hayamos de dar cuentas a quien nos salvó en gracia, pero a quien hemos servido tantas veces en la energía de la carne. Ya pronunció su rechazo: *"Por cuanto los designios de la carne son enemistad contra Dios; porque no se sujetan a la ley de Dios, ni tampoco pueden; y los que viven según la carne no pueden agradar a Dios"* (Romanos 8:7, 8).

El mensaje de Romanos 7:1-6 es bien positivo porque el Espíritu Santo hará la obra. En la porción que sigue (Romanos 7:17-25), Pablo confronta la realidad de la inutilidad de los esfuerzos de la ley para vivir en victoria. Sin embargo, después de esta desviación hallará la libertad por la iluminación del Espíritu Santo y la realidad de su muerte al pecado y a la ley. De ahí entrará en la plenitud del Espíritu Santo.

Capítulo 19

El enemigo interno que frustra al creyente
Romanos 7: 7-25

El mensaje de Pablo es contundente y sin ambigüedades: el triunfo de Jesús es nuestro triunfo. Desde que empezó a desarrollar el tema de la vida santificada en unión con Cristo, el apóstol ha mantenido una perspectiva sumamente confiada. Se puede apreciar el fuerte contraste entre el MUCHO MÁS del Postrer Adán y el fracaso del primer Adán.

En Romanos 5:9-21, Pablo exalta cinco veces el triunfo del Crucificado. Mantiene esa actitud aun hasta la introducción del Espíritu Santo, como la bendita tercera persona de la Trinidad quien hace vivir en nosotros al resucitado Hijo de Dios (Romanos 7:1-6).

Pablo afirma con toda confianza que ya casados con Cristo, el Crucificado, estamos libres de la ley y ahora servimos bajo el régimen nuevo del Espíritu y no bajo el régimen viejo de la letra. Lo anterior, nos lleva a pensar que ya, por fin, hemos entrado de lleno en la vida victoriosa, pero aún hay lamentos.

¡Qué golpe tan difícil es aceptar lo que Pablo ahora nos comparte! En lugar de gritos de triunfo, hay lamentos de frustración, los ayes de la derrota y, ahora sí por fin, un suspiro de muerte. *"¡Miserable de mí! ¿Quién me librará de este cuerpo de muerte?"*. ¿Cómo puede suceder esto después de ese contexto de triunfo? Debiera haber una razón factible y muy necesaria de entender.

Distintas interpretaciones frente a este fenómeno triste

Vale la pena bosquejar brevemente las interpretaciones que se nos ofrecen. Primero algunos afirman que Pablo vuelve a sus días de fariseo, cuando como incrédulo sincero batallaba para guardar la ley. Sí que pudiera haber algunas alusiones a aquellos días como sería normal para cualquier judío sincero. Sin embargo, en el desarrollo del argumento de Romanos desde la condenación hasta la justificación y ahora la santificación, volver a tal época pasada no apoyaría el argumento ni lograría ningún propósito. No avanzaría la victoria de la Cruz en nuestra santificación.

Nos basta para todo tiempo la justificación ante el Juez divino, basado todo mérito en esa muerte vicaria aceptada por Dios una vez para siempre. *"En esa voluntad somos santificados mediante la ofrenda del cuerpo de Jesucristo hecha una vez para siempre"* (Hebreos 10:10).

Otros dicen que Pablo considera esta experiencia de altibajos del creyente como una **experiencia normal** por este lado de la tumba. Dicen: "Tal es la vida cristiana en este mundo. Es una lucha fuerte y un perseverar hasta el fin". Mi profesor, L. E. Maxwell, solía decir: "Esto es la experiencia de muchos cristianos, pero **No** es la experiencia cristiana".

Tal descripción de la vida "normal" de Pablo no concuerda con tantos textos paulinos de triunfo. *"Mas a Dios gracias, el cual nos lleva **siempre** en triunfo en Cristo Jesús, y por medio de nosotros manifiesta en **todo lugar** el olor de su conocimiento"* (2 Corintios 2:14). *"Mas gracias sean dadas a Dios, que nos da la victoria por medio de nuestro Señor Jesucristo. Así que, hermanos míos amados, estad firmes y constantes, creciendo en la obra del Señor **siempre**, sabiendo que vuestro trabajo en el Señor no es en vano"*

(1 Corintios 15:57, 58). No puede cuadrar tal caricatura de una vida de altibajos con el concepto del triunfo de la Cruz de Jesús en el resto de Romanos 8:1-4. A tal punto nos llevará aun este trance difícil pero realista.

Pablo introduce la ley, pero ahora con un enfoque en el creyente - Romanos 7:7-12

Ahora en breve empieza la lucha interna. Acababa de decir en el contexto de Romanos 7: 6: *"Pero ahora estamos libres de la ley... de modo que sirvamos bajo el régimen nuevo del Espíritu y no bajo el régimen viejo de la ley"*. Tal declaración deja la impresión de que de alguna manera debe ser la ley como algo negativo. Pero ya que es la ley de Dios ¿cómo pudiera ser mala? Lo rechaza contundentemente tal como Jesús lo hizo en Mateo 5:17: *"No penséis que he venido para abrogar la ley o los profetas; no he venido para abrogar, sino para cumplir"*.

Se sobreentiende que Pablo se dirigió exclusivamente al incrédulo quien está bajo condenación, como ya lo había mencionado desde Romanos 1:18 hasta 3:20. Allí dijo la última palabra al incrédulo que tiene la vana esperanza de merecer la salvación con base en las obras de la ley. Del mismo modo, ahora en Romanos 7:7 Pablo tiene en mente al creyente que puede pensar erróneamente que la santificación puede ser ganada por el esfuerzo de la ley. Esta interpretación paralela cabe muy bien en el desarrollo del argumento de la gracia de Dios en el evangelio. La ley no trae salvación al incrédulo ni mucho menos santificación al creyente.

Ahora empieza una porción de versos (7:7-13) con el verbo en el tiempo pretérito. Este cambio de tiempo tiene que ser clave para identificar, no tanto el tiempo en la vida de Pablo mismo sino en el uso de la ley en todo tiempo. La vida espiritual de Pablo lo ilustra en ese momento, pero la porción nos señala la realidad más allá de una sola persona. Pablo establece los principios básicos para darnos a entender que la ley logrará quebrantar al creyente ante el poder de la naturaleza adánica que, tarde o temprano, tendrá que confrontar el creyente en Cristo.

Pablo narra el cuándo de aquella experiencia. Solo Dios sabe. La ley provocó grandemente una frustración frente a los deseos de codiciar lo ajeno a la voluntad de Dios. No fue un pecado grosero sino una actitud interna conocida sólo por él mismo y no por los demás. La ley convencía las fibras más íntimas de su ser. Realmente la carne es un enemigo difícil de identificar y desplazar. Otra vez creo que eso sólo podía pasar en el creyente que desea la pureza en lo más interior del corazón.

¿Ocurrió esta lucha feroz sólo una vez y quedó bien marcada en la vida del apóstol o fue una lucha que Pablo tuvo que enfrentar varias veces? La verdad es que este siervo de Dios luchaba con ese pecado *"que nos asedia"* (Hebreos 12:1). ¿Quién puede negar semejante pecado *que le asedia* ante un Dios de perdón? Pablo describe la agonía de luchar impotente ante lo suyo. Ningún creyente sincero puede negar semejante frustración y derrota.

En mi propio caso tuve que confesar ante muchos hermanos en una conferencia, en mis primeros años de ministerio, que mi mal era el "orgullo espiritual". Además, los pensamientos sucios me humillaron ante un Dios que yo amaba de todo corazón. ¡Qué confusión! ¡Qué vergüenza!

Pablo nos dice en honestidad y sinceridad de corazón: la ley "me mató", nada más, nada menos. En ese momento grita: *"la ley a la verdad es santa, y el mandamiento santo, justo y bueno"* (7: 12). La hipocresía ya no sirve en esta lucha consigo mismo ante Dios y su ley santa. Pablo se ve en el hilo o mira de la escopeta (*the cross hairs*). Se da por vencido. Su mundo de los mejores recursos cae por encina de él.

El primer nivel en el descenso hacia un quebrantamiento espiritual - Romanos 7:7-12

El argumento principal de Romanos 7:7-24 es el desenvolvimiento del *quebrantamiento* del poder del viejo hombre, no a nivel teórico sino bien práctico (el quebrantamiento en inglés es *brokenness*). No puede haber verdadera espiritualidad práctica sin ese sagrado proceso de quebrantamiento. Ha sido la historia de todos los santos de cualquier época; Dios ha tenido que reducirlos primero y luego exaltarlos. Juan el Bautizador lo dijo elocuentemente: *"Es necesario que él crezca, pero que yo mengüe"* (Juan 3:30).

El libro de Job no es nada más que tal proceso sagrado de quebrantamiento en el hombre a quien Dios mismo describe como *"perfecto y recto"*. Si fuese necesario, ¡con cuánta razón nos corresponde a todos nosotros! La raíz tiene que bajarse primero antes de que se vea el fruto. Cuánto más abajo, tanto más fruto para arriba. Pero muchas veces queremos escaparnos de lo que nos humilla. Es bueno recordar en tal momento que lo que me humilla a mí, exalta más a Jesús.

Éste es el valor de Romanos 7. Mi primer libro, **_Retos desde la Cruz_**, ilustra este doloroso proceso en la vida de Abraham, Jacob, José, Moisés, Saúl/David/Jonathan y llega al ápice en Job. Por eso no vale tanto saber cuándo le tocó a Pablo esa lucha sino que este proceso en él sirvió de un prototipo para que él saliera como oro refinado.

En Romanos 7 Dios nos permite ver teológicamente tanto el proceso y como la salida victoriosa. Al final oiremos su grito de victoria en 7:25: *"Gracias doy a Dios, por Jesucristo Señor nuestro"*. Luego, de inmediato, Romanos 8 nos devuelve a la persona del Espíritu Santo como la dinámica personal que nos da una victoria verdaderamente duradera.

Mirando para atrás Pablo ahora resume la conclusión de este primer paso hacia abajo. *"¿Luego lo que es bueno, vino a ser muerte para mí? En ninguna manera;* —una frase tan enfática que expresa su total rechazo— *sino que el pecado, para mostrarse pecado, produjo en mí la muerte por medio de lo que es bueno, a fin de que por el mandamiento el pecado llegase a ser sobremanera pecaminoso"* (7:13).

Pablo ya siente profundamente en su ser el cáncer maligno de su codicia, un pecado bien secreto. Sólo la ley en manos del Espíritu Santo pudo haberlo convencido. No es cuestión de qué pecaminoso es el pecado sino lo **sobremanera** pecaminoso.

Volvemos a una verdad a veces olvidada, sólo el Espíritu Santo convence del pecado. Un sermón, una represión, un argumento teológico o un desastre personal puede acabar en tristes consecuencias, pero el sentirse uno profundamente convencido de corazón es la obra única del Espíritu. No somos capaces de arrepentirnos sino sólo por la obra fiel del Espíritu. Y él es fiel para hacer la obra y confrontarnos con nuestra carnalidad.

El segundo nivel en el descenso del quebrantamiento espiritual - Romanos 7: 13-17

El segundo nivel toma en cuenta la realidad de la batalla perdida en 7:13. Ahora el tiempo del verbo cambia, del pretérito al presente, un cambio significativo. La lucha se mueve más para dentro en honestidad profunda en el ser de Pablo. A la verdad Pablo vive esta frustración en carne propia.

Analiza acertadamente la situación en dicho momento en términos prácticos. Profundas palabras expresadas por el apóstol: *"Porque sabemos que la ley es espiritual; mas yo soy carnal, vendido al pecado"* (7:14). Se debe entender que esta aseveración no es un análisis teológico de su posición ante Dios, pues sigue siendo justificado y aceptado ante el Juez divino. Pero en su presente vivir, en la agonía de su lucha, se da cuenta como nunca antes que el mal no está en la ley sino en él mismo. Es parte de la victoria que viene. Hasta aceptar el mal en nosotros, no hallamos el principio del bien.

Doce veces en Romanos 7:14–17 Pablo usa la primera persona: la flexión del verbo, el "yo" el "mí". Se hace dueño de su confusión. En esta franca y hasta monótona admisión no hay, sin embargo, la intención de pensar o buscar una excusa para negar su culpabilidad. La ley se ha justificado, ha hecho su obra de provocar y condenar. Pablo lo acepta de todo corazón.

Reconoce que el problema en sí es el pecado (singular). De acuerdo al uso de la palaba en Romanos, los pecados (plurales) se refieren a los delitos y actos de maldad, pero el pecado (singular) es una referencia directa a la naturaleza desde la cual brotan todos estos males. Pablo ya ha identificado la fuente de su problema, pero no aun la solución. Ésa ya viene pronto, pero le falta algo todavía.

El tercer nivel en el descenso del quebrantamiento espiritual - Romanos 7: 18-28

Este verso 7:18 parece ser un nuevo punto de partida que ofrece un rayo de esperanza: *"Y yo sé que en mí, esto es, en mi carne, no mora el bien; porque el querer hacer el bien está en mí, pero no el hacerlo".* El Espíritu revela a Pablo unas distinciones muy precisas. Ahora localiza el mal —está en *mi carne*. Implícito es el reconocimiento que en Pablo ante Dios estando en Cristo mora el bien, sólo que no sabe cómo hallar acceso a tal poder. No es un problema sin solución, pero queda lo que todavía no sabe. Tiene que ir "desaprendiendo" la confianza en sus esfuerzos sinceros. No basta la sinceridad.

Pablo no ha podido alcanzar la manera de echar en acción el remedio que se ve venir cada vez más cerca. Sigue el monólogo consigo mismo en los versos 19-23 con 18 usos de la flexión del verbo, el "yo", el "mí". Otra vez las confesiones son francas y dignas de compasión. Pero viene analizando con mayor precisión la realidad espiritual del momento.

Ya se da cuenta en esta lucha de no querer pecar más porque él se deleita en la ley de Dios en su corazón. *"Porque según el hombre interior, me deleito en la ley de Dios; pero veo otra ley en mis miembros, que se rebela contra la ley de mi mente, y que me lleva cautivo a la ley del pecado que está en mis miembros"* (7:22-23). Su análisis es correcto y reconoce implícitamente que Cristo vive en su hombre interior.

Sólo que Pablo no sabe qué hacer con esta otra ley que está en sus miembros. Es interesante que el apóstol no use la palabra otra "naturaleza" como si fueran dos naturalezas sino que usa otra palabra, la ley o la dinámica que se mueve en él sin que sepa la manera de vencerla.

Unas observaciones al respecto

En esta lucha interna Pablo, de todo corazón, no quiere pecar. Da evidencia clara de que es creyente; su honestidad y sinceridad son transparentes. Tiene que ser creyente porque se deleita en la misma ley de Dios como expresión de su santidad.

Por otro lado, se encuentra en una caída de espíritu tal que la vida va de mal en peor sin saber qué hacer. Todo resulta en confusión y vergüenza, lo cual es evidencia clara de la ausencia de la verdad libertadora.

Pablo "ha puesto su parte", ha usado sus limitados recursos. No hay nada que satisfaga. Por fin, no puede menos que decir: "Por este rumbo no logro la victoria. Ya me doy por vencido. Me hallo en un callejón".

De esta manera, *"Mas vosotros no habéis aprendido así a Cristo"* (Efesios 4:20). Pablo a los efesios les recuerda: *"Esto, pues, digo y requiero en el Señor: que ya no andéis como los otros gentiles, que andan en la vanidad de su mente"* (4:17). En resumen, Pablo no anda por la fe, con la plena confianza en la obra consumada en la Cruz.

Hay dos evidencias claras cuando uno no anda en Cristo, el crucificado. Si nos esforcemos en nuestra propia carne por alcanzar la perfección requerida por la ley, hallamos como resultado frustración y confusión, como se evidencia en Romanos 7. Si nos ponemos reglas legalistas y las alcanzamos a nuestra manera de pensar, nos ponemos "espirituales orgullosos", evidencia de la misma carnalidad. Si andamos por fe en Cristo crucificado, andamos quebrantados, humildes y victoriosos.

El último suspiro antes de la victoria - Romanos 7: 25

Al fin Pablo ya no puede más y exclama: *"¡Miserable de mí! ¿Quién me librará de este cuerpo de muerte?"* Dejémoslo allí. Pero el Espíritu Santo tendrá la última palabra de triunfo.

Capítulo 20

La victoria consumada a través del Espíritu Santo
Romanos 7:25; 8:1-4

Todavía suena en el corazón de Pablo ese grito de desesperación: *"¡Miserable de mí! ¿quién me librará de este cuerpo de muerte?"* (7:24). El apóstol ahora está en el *"pozo de la desesperación"* (Salmo 40:2) Todo es producto de los tres pasos hacia abajo, un descenso que lo lleva al **quebrantamiento** hasta desmoronar la confianza que tenía en él mismo. Ha sido un camino doloroso, pero en la providencia del Señor está llegando, por fin, al callejón final. Sus propios esfuerzos bajo la ley lo han llevado a tocar fondo.

El triste pasado de derrota bajo las demandas de la ley

En esta ocasión, Pablo sabiendo el camino de la victoria en la gracia de Dios, optó por ponerse bajo la ley. Como resultado vinieron el fracaso y la frustración, porque la ley en la vida del creyente no tiene parte alguna. Pero la carne al hacer frente a las demandas de la ley se esfuerza creyendo que puede lograr algo. Por fin Pablo se da por vencido. Ya no puede más.

Eso en sí es un paso necesario al frente. En la pregunta que sigue hay cierto elemento de esperanza: *¿Quién me librará?* Tiene que ser alguien que esté fuera de sí; pero se nota el segundo paso para abajo en 7:18: *"Y yo sé que en mí, esto es, en mi carne, no mora el bien; porque el querer está en mí, pero no el hacerlo"*. Pablo viene discerniendo que hay una lucha interna; la carne se opone pero hay alguien o algo bueno que está en él. Lo confiesa pero no sabe cómo hallarlo.

Al final de cuentas Pablo reconoce que el problema es, precisamente, el *"cuerpo de muerte"*. Ha identificado claramente cuál es el problema, *"pero veo otra ley en mis miembros, que se rebela contra la ley de mi mente, y que me lleva cautivo a la ley del pecado que está en mis miembros"* (7:23).

Desde la derrota hasta la victoria en un momento decisivo

De golpe desde su fracaso abismal exclama: *"**Gracias doy a Dios, por Jesucristo Señor nuestro**"*. ¿Cómo podemos explicar este cambio de rumbo tan de repente? Debió haber pasado algo de vital importancia. No se explica de otra manera. Ha sido un viraje de 180 grados de un momento a otro. Sabiamente el Espíritu Santo no nos explica sus caminos. Él es soberano como Jesús dijo: *"El viento* (en griego espíritu) *sopla de donde quiere, y oyes su sonido; mas ni sabes de dónde viene, ni a dónde va; así es todo aquel que es nacido del Espíritu"* (Juan 3: 8).

Debió haber sido la iluminación del Espíritu mismo. Sólo él da vida. Jesús había dicho: *"El Espíritu es el que da vida; la carne para nada aprovecha; las palabras que yo os he hablado son espíritu y vida"* (Juan 6:63).

Me atrevo a sugerir esta buena posibilidad. Pablo en su desesperación había identificado correctamente el problema: el *cuerpo de muerte*. Pero esa misma frase aparece en Romanos 6:6 con un ligero cambio. Allí está el *cuerpo de pecado*. Pablo en 7:25 pone el resultado por la causa. El pecado termina en muerte, pero el Espíritu termina en vida abundante.

En ese momento el Espíritu reveló a Pablo, no por la ley que condena, sino al tomar por fe su propia posición en Cristo muerto al pecado — *"el cuerpo de muerte"* — y vivo para Dios en Cristo Jesús. Pablo dio el primero y único paso de fe de acuerdo con

Romanos 6:11: "Muertos al pecado, pero vivos para Dios en Cristo Jesús, Señor nuestro".

La victoria no viene por el ayuno, ni la oración, ningún acto espiritual, ni ninguna búsqueda especial de Dios. Al contrario, la victoria en unión con Cristo está al alcance de todo aquel que toma su posición en Cristo en fe y nada más. Es cuestión de creer y dar gracias a Dios por lo que él hizo de una vez en la Cruz.

Mi mentor el Dr. F. J. Huegel solía decir: "La gratitud o las gracias es la fe en pleno florecimiento". El acto de recibir es seguido de inmediato por las gracias profundas. Es la lógica divina. Sigue el bendito resultado: *"Ahora, pues, ninguna condenación hay para los que están en Cristo Jesús"* (8:1). Pablo respira nuevos aires de victoria.

Sugiero aquí un breve paréntesis que a primera vista parece romper la conexión fuerte entre Romanos 7:25 y 8:1 *"Así que, yo mismo con la mente sirvo a la ley de Dios, mas con la carne a la ley del pecado"*. Pareciera dejar la impresión que, a Pablo, le resulta normalmente una vida de doble ánimo. Pero no puede ser la explicación porque Romanos 8:1-39 es un andar de los que son *"más que vencedores"*.

Creo que por no querer romper la íntima relación entre 7:25 y 8:1 en adelante, es decir, las gracias dadas y ninguna condenación, Pablo inserta sólo este breve resumen de lo que le pasó precisamente durante dicha época de su vida; vivió una vida de doble ánimo, antes sí pero ahora ya no. *"Ahora, pues, ninguna condenación hay para los que están en Cristo Jesús"*.

Vale el recordatorio de aquella época en su vida. Nos advierte Pablo que a esa conclusión triste se llega cada vez que volvemos a ponernos bajo la ley; lo cual resultará inevitablemente en la misma derrota. Queda esa posibilidad triste y Pablo la admite, pero de ninguna manera implica ni sugiere que en ese estado de doblez el creyente tenga que andar.

La nueva posición del régimen nuevo del Espíritu Santo - Romanos 8:1

Empieza por afirmar con toda seguridad que ya no vive bajo la condenación de la ley, ni tampoco de su conciencia, y mucho menos del diablo. Ha tomado su posición muerto al pecado y vivo para Dios conforme a Romanos 6:11-14. Ésos son los pasos críticos que se deben dar.

Éstos son los pasos que nos conducen a la victoria de Romanos 8:1-39: 1.) contarse muerto y vivo (6:11); 2.) no dejar reinar el pecado (6:12); 3.) no seguir presentando los miembros al pecado; 4.) una presentación decisiva a la obra de la Cruz (6: 13). Ésos son los pasos de la fe y la obediencia —fruto de la fe— y resultan en la liberación del creyente unido a Cristo. *"Porque el pecado no se enseñoreará de vosotros; pues no estáis bajo la ley, sino bajo la gracia"* (6:14).

El verbo "presentarse" en Romanos 6 y 12

Quisiera hacer hincapié en lo crítico del verbo "presentarse" tanto en Romanos 6:13 como en Romanos 12:1, 2. Tantas veces se aplican de manera separada. El verbo aparece dos veces en el tercer y el cuarto paso de Romanos 6:12, 13. El verbo es de trasfondo militar. El soldado raso se presenta a sí mismo a la orden del superior. El soldado espera la orden, y al oírla no tarda en cumplir el mandato.

"Presentarse" es más bien una actitud de la voluntad que se convierte en acción bajo el control de su superior. La vida cristiana bajo el régimen nuevo del Espíritu es la buena voluntad que actúa bajo la dirección del mismo Espíritu. No cuenta para nada ningún mérito o aportación nuestra. Pero nuestra presentación es positiva, activa y alerta.

Hay un orden divino en el uso del verbo "presentarse" en los dos pasajes de Romanos 6 y 12. El orden es primero "presentarse" en cuanto a estar muerto al pecado, la vida vieja (6:13), y sólo luego vale la pena el segundo verbo de presentar nuestros cuerpos en sacrificio vivo (Romanos 12:1, 2). No podemos presentar nuestros cuerpos en sacrifico vivo si están todavía bajo el control de la carne. Dios no acepta la consagración de la vida vieja. Más bien la clavó en la Cruz primero y luego, entonces, si que estamos en la posición de poder presentar nuestro cuerpo en sacrificio vivo capaz de glorificar a Dios.

Nuestra identificación con Cristo llega a ser nuestra participación en victoria - Romanos 8:2

Después de afirmar con nueva confianza que no hay ningún tipo de condenación, Pablo nos da la razón en Romanos 8:2: *"Porque la ley* (dinámica) *del Espíritu de vida en Cristo Jesús me ha librado* (en el original me libró —tiempo aoristo/pasado) *de la ley del pecado y de la muerte".* Debe notar que Pablo usa el término completo de "pecado y de la muerte", combinando el de Romanos 6:6 con el de 7:24.

Debemos subrayar el tiempo de verbo clave en el original; *"me libró"* de una vez. La victoria en la economía de Dios está ya lograda. No nos queda nada por hacer sino sólo creer, aceptar, afirmar y dar gracias por ella; todo está disponible ya en Cristo por fe. Fue ganada de una vez en la Cruz del Calvario. Ésta es la clave de la victoria, *la vida llena del Espíritu Santo.* Lo que buscaba Pablo en Romanos 7: 18: *"porque el bien está en mí, pero no el hacerlo",* ya lo halló en una verdadera liberación.

Ésta es su Carta Magna de la libertad. Es una realidad fuera de él (el poder de la obra de la Cruz hace 2000 años), pero ahora en su interior es la persona del Espíritu Santo quien realiza en él por primera vez la victoria. ¿Qué hizo él para lograrla? Nada menos que creer, apropiarse y dar gracias por la Cruz. Cuando Cristo dijo desde la Cruz, "CONSUMADO ES", pronunció la última palabra de la justificación y la santificación.

Pablo vuelve a la Cruz para explicar el cómo de la victoria en Cristo - Romanos 8:3

Pablo explica precisamente en este versículo el cómo de tal victoria. *"Porque lo que era imposible para la ley, por cuanto era débil por la carne, Dios, enviando a su Hijo en semejanza de carne de pecado y a causa del pecado, condenó al pecado en la carne"*. En el plan de Dios la ley nunca estuvo destinada a traer la salvación, ni mucho menos la santificación.

Lo que Pablo trató de hacer inútilmente fue santificarse por sus mejores fuerzas e intenciones. Pero Dios ya había dicho que era imposible. Pablo se da cuenta de que la victoria sólo viene por tomar su posición en fe. El creyente se encuentra encerrado en Cristo crucificado por fe; el Espíritu Santo ya hará la obra.

Dios sabía que sólo la muerte de su hijo podía romper los lazos del pecado original. Nadie menos que Cristo podía ser la propiciación por nuestros pecados, anulando así el dominio del pecado original. Dios mismo pagó el precio supremo al poner a su hijo como el único sustituto nuestro.

"Con todo eso, Jehová quiso quebrantarlo, sujetándole a padecimiento" (Isaías 53:10). *"El que no escatimó ni a su propio Hijo, sino que lo entregó por todos nosotros, ¿cómo no nos dará también con él todas las cosas?"* (Romanos 8:32). En resumen, la salvación es de Dios. Él la efectuó con el fin de llenarnos del Espíritu Santo, quien sería el que nos daría la victoria por medio de la fe.

El fin de todo es Cristo mismo a través de la llenura del Espíritu Santo - Romanos 8:4

Ahora Pablo llega a la finalidad divina de la llenura del Espíritu Santo, el *"sine qua non"* (sin la cual no), la persona indispensable para llenarnos de la plenitud de Cristo. La finalidad es: *"para que la justica de la ley se cumpliese* (se llenase) *en nosotros, que **no andamos conforme a la carne, sino conforme al Espíritu"*** (Romanos 8:4).

La justicia de la ley consta no en las demandas de la ley sino en la ley como la expresión de la santidad, la humildad y el amor de Cristo. *"Porque el fin de la ley es Cristo, para justicia a todo aquel que cree"* (Romanos 10:4). La llenura del Espíritu no es tan sólo para nuestro bien ni tan sólo para nuestro servicio sino para que Cristo viva en nosotros en el diario vivir.

Ante todo, la llenura del Espíritu se ve en nuestro andar diario

La frase clave que aparece varias veces en el resto de este párrafo es que *"no andemos conforme a la carne, sino conforme al Espíritu"*. Se repite dos veces en versos 12 y 13; además en verso 9 dice categóricamente: *"Mas vosotros no vivís según la carne"*. Tal es nuestra posición jurídica delante de Juez justo, garantizada por la justificación y habiendo tenido a nuestra cuenta la misma justicia de Cristo. La llenura del Espíritu, al final de cuentas, tiene que ver con cómo andamos en la vida diaria.

No debemos perder de vista que una vida santificada es una dádiva o un don al igual que la justificación. Se define así: *"Mas ahora que habéis sido libertados del pecado y hechos siervos de Dios, tenéis por vuestro fruto la santificación, y como fin, **la vida eterna**"*. Luego sigue una definición de la vida eterna: *"Porque la paga del pecado es muerte, mas **la dádiva de Dios es vida eterna, en Cristo Jesús Señor nuestro**"* (Romanos 6:22, 23). Este verso se ha dado tan frecuentemente al incrédulo que perdemos de vista que está escrito al creyente.

Sobre todo "El justo por la fe vivirá". Colosenses 2:6 lo describe acertadamente: *"Por tanto, de la manera que habéis recibido al Señor Jesucristo, andad en él; arraigados y sobreedificados en él, y confirmados en la fe, así como habéis sido enseñados, abundando en acciones de gracias"*.

En algunas partes, se ha hecho tanto énfasis sobre la "experiencia" que se describe en términos de una "bendición", un don recibido, hablar en lenguas, ser "tumbado", palabra "profética" y gran sentimiento especial. Pero se pierde de vista que nuestro andar ante un Dios santo y ante un mundo perdido es lo más importante. Este pasaje de Romanos 8:1-13 no nos da evidencia alguna de que tales experiencias son la comprobación de la llenura del Espíritu.

Sabiamente el texto inspirado no habla de ninguna experiencia por conseguir. Hay silencio en cuanto a las emociones y lo subjetivo. Si fuese necesaria tal prueba, la veríamos precisamente en esta porción que trata oficialmente de la llenura del Espíritu. No hay ninguna prueba de la llenura del Espíritu sin la santidad, la humildad y el amor servicial como son vistos en Jesús.

A mi modo de ver, es a través de la experiencia genuina del quebrantamiento y victoria mediante lo cual Dios nos revela nuestro mal y derrama su gloria. Esto puede desbordar en bendiciones y emociones, pero no es la esencia de la llenura. Si al final de cuentas no resulta en un andar más santo, más humilde y servicial a la voluntad cotidiana de Dios, no lleva las verdaderas marcas de la llenura bíblica. ¿Cómo ando? ¿Cómo hablo? ¿Cómo trato a mis hermanos?

Aún en este capítulo de victoria, Pablo nos recuerda que existe la posibilidad de *"andar según la carne"*. Debemos guardarnos andando por medio de la fe, dependiendo siempre del Espíritu Santo. No hay un perfeccionamiento absoluto mientras vivimos en este cuerpo mortal. Cuando Cristo nos dé el cuerpo glorificado en el arrebatamiento o en la resurrección sí que no podremos pecar jamás.

No quiere decir lo anterior que no hay una verdadera victoria sobre el mal original. Si la hay, pero requiere la vigilancia contra la carne que puede estar a la vuelta en el momento menos esperado. *"Velad y orad, para que no entréis en tentación; el espíritu a la verdad está dispuesto, pero la carne es débil"* (Marcos 14:38).

Examinaremos más delante ¿Qué es la llenura del Espíritu Santo en términos tanto teológicos como prácticos? ¿Qué es el bautismo del Espíritu y las verdaderas marcas de la llenura? Lo que vale aprender es que la llenura verdadera hace parte de la obra de la Cruz tomada por medio de la fe, sin los esfuerzos humanos. La carne puede existir pero de ninguna manera tiene que reinar. En cambio el Espíritu Santo ya está en control.

Capítulo 21

Las dos dinámicas que confrontan al ser humano en su andar con Cristo
Romanos 8:5-9

El fracaso de Pablo lo lleva a la verdadera liberación. En Romanos 7:7-24 vemos al apóstol intentando confiar en sí mismo, pero es a través de esa debilidad que se introduce la fortaleza, la verdadera liberación que había anhelado antes. Cambia drásticamente el ambiente de *"¡Miserable de mí!"* a una exclamación de victoria: *"Gracias doy a Dios, por Jesucristo, Señor nuestro... Ahora , pues, ninguna condenación hay para los que están en Cristo Jesús"* (Romanos 7:24, 25; 8:1). De aquí en adelante, con el apóstol respiramos nuevos aires frescos.

Algo fundamental debió haber pasado que cambió totalmente el rumbo de su fracaso y quebrantamiento a victoria en unión con Cristo. Debió haberse contado *"muerto al pecado y vivo para Dios en Cristo Jesús"* (Romanos 6:11). No hay otra posibilidad. No le costó una larga lucha, ni esfuerzos religiosos, ni ayuno, ni búsqueda de alguna experiencia. Le llegó como lo era, una dádiva de Dios (Romanos 6:22, 23).

Pablo explica esta liberación en términos de la **persona y la obra del Espíritu Santo,** nada más ni nada menos. *"Porque la ley del Espíritu de vida en Cristo Jesús me libró* (aoristo/pasado) *de la ley del pecado y de la muerte"* (8:2). Jesús había profetizado esto refiriéndose al Espíritu Santo: *"... tomará de lo mío, y os lo hará saber"* (Juan 16:15).

No es cuestión de buscar nada, sino sólo seguir las instrucciones de la Palabra: "contarse muerto y vivo, no dejar que reine el pecado, sino presentar nuestros miembros y presentarse uno mismo y sus miembros... de modo que no se enseñoreará el pecado sobre nosotros" (paráfrasis mía de los pasos de fe que nos conducen a la victoria (Romanos 6:11-14).

Dos observaciones claves después de un quebrantamiento y una condición urgente

Pero es importante anotar dos observaciones. Primero, esta gran victoria llegó después de un rotundo fracaso, un quebrantamiento, un aborrecimiento de su vida. La victoria no tardó mucho tiempo en llegar porque no dependía de Pablo sino del fiel Espíritu al responder a la fe santificadora basada en esa muerte nuestra.

La otra observación es que la victoria es condicional. El Espíritu nos libró, pero Pablo agrega una nota de advertencia: *"para que la justicia de la ley se cumpliese en nosotros,* **que no andamos conforme a la carne, sino conforme al Espíritu"** (8:4). Es esa posible conformidad a la carne que le da pausa y por eso nos advierte solemnemente.

La vida victoriosa no se da de manera automática, sino que requiere una constante dependencia del Espíritu Santo y una desconfianza o "desaprendizaje" de nuestros méritos. Aquí entra la fe en el juicio divino en la Cruz contra nuestra carne (8:3), el morirse a sí mismo (6:6) o el mensaje de la Cruz. **Es en este momento, donde opera la Cruz en cancelar el domino de la carne (Romanos 6:6), allí precisamente opera el Espíritu Santo en hacer vivir en nosotros la vida resucitada de Cristo.**

Reseña del "modus operandi" de todo ser humano - *conforme al Espíritu y no conforme a la carne*

El diccionario de la Real Academia Española define el "modus operandi" como: "modo de vivir, base o regla de conducta, arreglo, ajuste o transacción entre dos personas". Ahora Pablo deja el tema de la llenura del Espíritu para tratar más a fondo las dos dinámicas grandes que operan en la vida de todo ser humano. Es imprescindible entender el origen y las descripciones de las dos dinámicas para poder identificar ¿cuál es de Dios? y ¿cuál es del diablo o del mal nuestro?

Es evidente que sólo puede haber dos dinámicas o leyes —las de Dios y las del diablo/el pecado. Pablo ha tratado estas dos dinámicas en varias comparaciones en sus epístolas: la fe contra las obras (Romanos 4:4, 5), el Espíritu contra la carne (8:4, 12, 13), la gracia de Dios contra la ley (6:14). Ante Dios, el Juez justo, están los que son de Cristo, los salvados por su gracia, o los que son del padre de mentira, Satanás, los que nacieron en Adán (Juan 8:44).

Veamos primero las características del incrédulo: *"Porque los que son de la carne piensan en las cosas de la carne (8:5)… porque el ocuparse de la carne es muerte (v.6)… por cuanto los designios de la carne son enemistad contra Dios; porque no se sujetan a la ley de Dios, ni tampoco pueden (vv.7, 8)… y los que viven según la carne no pueden agradar a Dios (v.8)"*. ¡Qué tremenda denuncia de la condición perdida del incrédulo! Cuatro veces juzga rotundamente al incrédulo.

Por puro contraste ¿cuáles son las características del creyente por la gracia de Dios? Romanos 8 nos da la respuesta. *"Pero los que son del Espíritu (piensan), en las cosas del Espíritu (v.5)… pero el ocuparse del Espíritu es vida y paz (v.6)"*. Son dos bendiciones aseguradas y sigue la aseveración positiva y categórica: *"Mas vosotros no vivís según la carne, sino según el Espíritu, si es que el Espíritu de Dios mora en vosotros. Y si alguno no tiene el Espíritu de*

Cristo, no es de él" (v.9). Ésta es una descripción de la vida victoriosa y una declaración contundente que se debe tomar muy en cuenta. Se pueden observar los nombres de la Trinidad: primero solo el Espíritu (v.5), después menciona el Espíritu de Dios y el Espíritu de Cristo (v.9). El Espíritu Santo es el ejecutor divino que logra en el creyente la obra de Dios. Él es nuestro agente indispensable. Nuestras buenas obras no logran nada sin que él las haga a través de nosotros. Dios nos ayude a tomarlo y venerarlo mucho más en cuenta día tras día.

El Antiguo Testamento describe el *origen* de estas dos dinámicas
Desde hace unos 40 años enseño soteriología, la doctrina de la salvación. El plan salvífico se originó en Dios mismo desde el momento de la caída de nuestros primeros padres en el Huerto de Edén. Un retorno al Antiguo Testamento nos da la verdadera perspectiva de Dios. Muchas veces estudiamos la salvación como si fuera nada más descrita en el Nuevo Testamento. Pero lo cierto es que no podemos entender la salvación si no la vemos tal como es en el Antiguo Testamento.

Me impactó mucho cuando Cristo evangelizó a Nicodemo en Juan 3 y a la vez introdujo claramente la doctrina del nuevo nacimiento, nacido del Espíritu, él usó el Antiguo Testamento. No existía el Nuevo Testamento en aquel entonces. Su Biblia era la versión LXX, Septuaginta, la versión traducida del hebreo al griego desde el tercer siglo y terminada por 132 AC. Era la Biblia de los mismos apóstoles que predicaron con tanta unción en el Día de Pentecostés. Pablo comprobó que Jesús era el Mesías usando sólo el A.T.

Me gustan mucho estas palabras que se han atribuido a San Agustín: "El Nuevo Testamento está en el Antiguo implícito y latente; el Antiguo Testamento está en el Nuevo explícito, patente y revelado".

El "protoevangelium" de los padres primitivos de la iglesia

Los teólogos de la Iglesia primitiva definieron Génesis 3:15 como el "protoevangelium" (latín). No es tanto el primer evangelio sino el prototipo, es decir, el patrón, el molde, el diseño del evangelio según el Nuevo Testamento. Cuando se hace un avión nuevo, hacen un prototipo que será el patrón exacto, puesto a prueba y garantizando que volará.

Cuando la serpiente sedujo a Eva en Génesis 3, Jehová Dios tomó cartas de inmediato al poner en acción su *protoevangelio*. Lo hizo al revelar directamente al diablo su plan de acción a oídas de nuestros primeros padres. Quizá no se dieron cuenta de lo que Dios en su soberanía le reveló a su adversario. Sin embargo, Génesis 3:15 es un transcrito a grandes rasgos del evangelio por revelarse en el Nuevo Testamento.

Dios, muy al tanto de lo que había pasado en el Huerto de Edén, se acercó a Adán primero con la simple pregunta: *¿Dónde estás tú?* Le dio la oportunidad de confesar su pecado, pero respondió "*la mujer que tú me diste...* echándole la culpa a Dios mismo. Luego a Eva le hizo una pregunta y ella dijo: *"la serpiente me engañó..."* De inmediato se dirigió a la serpiente: *"Jehová Dios dijo a la serpiente: Por cuanto esto hiciste maldita serás..."* En ese mismo momento Dios anunció su maldición irrevocable.

Dios hizo lo que ningún general habría hecho con su adversario; le reveló claramente el plan de recobrar y salvar a sus criaturas y a la vez destruir a su enemigo y todas sus huestes malignas. Tal es la soberanía de Dios. Se deleita en revelar su poder incuestionable.

"Y pondré enemistad entre ti y la mujer, y entre tu simiente y la simiente suya; ésta te herirá en la cabeza, y tú le herirás en el calcañar" (Génesis 3:15). En unas 28 palabras en español anuncia su plan de acción. Aquí mismo tenemos el origen de las dos dinámicas que Pablo pone delante de todo ser humano —Dios o el

diablo, el Espíritu o la carne. Estudiemos más a fondo el origen histórico de la carne y el Espíritu que Pablo introduce en nuestro pasaje en Romanos 8:5-9.

Cinco proposiciones soberanas resultarán en la victoria final en la Cruz del Calvario

1. **Pondré enemistad.** Dios toma la iniciativa e introduce su plan de acción. Sabe a dónde va y cómo llegará al final. Habrá una incompatibilidad entre estas dos dinámicas; nunca podrá ser un acomodo, un compromiso. Esta incompatibilidad es inherente en la santidad de Dios. Esto nos da una perspectiva por qué sólo la muerte del mismo Hijo de Dios podría romper el poder del mal. Dios tuvo que iniciar la salvación. Por eso tantas veces Jesús decía: *"Es necesario que el Hijo del Hombre padezca muchas cosas y sea desechado por los ancianos... y que sea muerto, y resucite al tercer día* (Lucas 9:22). Así era la magnitud de nuestro mal ante Dios.

2. **Pondré enemistad entre ti y la mujer.** Aquí Dios introduce a quien sería el medio escogido de victoria. Sería una mujer. *"He aquí la virgen concebirá, y dará a luz un hijo, y llamará su nombre Emanuel"* (Isaías 7:14). *"Dios con nosotros"* (Mateo 1:23). Es un acto de pura gracia. El diablo sedujo a Eva, una mujer, pero Dios usaría a una mujer como el medio de hacernos llegar al Mesías. Pablo identifica *"la simiente suya"* como la de Abraham, *"como si hablase de muchos, sino como de uno: Y a tu simiente, la cual es Cristo"* (Gálatas 3:16).

3. **Y entre tu simiente y la simiente suya.** En esta frase se involucra toda la humanidad. No será algo de un día no más, sino que se extenderá esta oposición y enemistad puesta por Dios a través de todas las generaciones. Será una guerra larga, nada más que una lucha interminable o en el cielo o en la muerte segunda (Apocalipsis 20:11-15). Los de su simiente eran: Caín, Lamec (Génesis 4), los antediluvianos (Génesis 6), los de la Torre de Babel

(Génesis 10); los de *"la simiente suya* (de ella)*"* eran: Abel, Enoc, Noé, Abraham, etc.

4.   **Ésta te herirá en la cabeza.** Éste es el clímax, la cumbre. Un golpe aplastante a la cabeza es fatal y final. No hay manera de sobrevivir a tal golpe. Ésta es una referencia a la obra de Cristo en la Cruz cuando Dios lo puso como propiciación por nuestros pecados (Romanos 3:25). Cristo mismo dijo: *"Ahora es el juicio de este mundo; ahora el príncipe de este mundo será echado fuera. Y yo, si fuere levantado de la tierra, a todos atraeré a mí mismo. Y decía esto dando a entender de qué muerte iba a morir"* (Juan.12:30-33). El autor inspirado de Hebreos lo dice concretamente: *"Así que, por cuanto los hijos participaron de carne y sangre, él también participó* (ha participado/en el original) *de lo mismo, para destruir por medio de la muerte al que tenía el imperio de la muerte, esto es, al diablo, y librar a todos los que por el temor de la muerte estaban durante toda la vida sujetos a servidumbre"* (Hebreos 2:14, 15). Así tenemos la Cruz en el Antiguo Testamento.

5.   **Y tú le herirás en el calcañar.** Dios agrega que su victoria en su hijo sería por medio de los sufrimientos, hasta muerte de cruz, pero habría una resurrección y una ascensión triunfante. Su muerte expiatoria y vicaria era absolutamente necesaria. Tal era el poder del mal que nada menos que una muerte sustitutiva pudo romper el dominio del diablo. Le costó a Dios mismo la vida de su amado hijo. Por medio de los sufrimientos y la muerte en la Cruz, Cristo logró apaciguar la ira santa de Dios y satisfacer la ley de Dios. Dios no se perjudicó en nada al dejar caer sobre su hijo su ira santa. Cristo la tomó voluntariamente y triunfó de una vez por todas. En esa muerte, Dios rompió también el domino de la carne de una vez por todas en la vida del creyente.

Con este repaso, que nos orienta históricamente, Pablo nos informa que no hay nada nuevo en el mundo. La lucha titánica sigue en el incrédulo donde Satanás reina sin rival. Pero Dios afirma que Satanás es un enemigo ya vencido sin derecho alguno de reinar en la vida del creyente. De manera muy realista, Pablo admite aun en este capítulo de victoria que la dinámica del pecado, el "yo", persiste en el creyente. Dios en su soberana sabiduría lo permite para que el creyente dependa de él y sólo de él.

Ahora en unión con Cristo el creyente no se ve obligado de ninguna manera a dejar reinar el mal. Por eso en Romanos 6:12, 13 dice: *"No reine, pues, el pecado en vuestro cuerpo mortal, de modo que lo obedezcáis en sus concupiscencias; ni tampoco presentéis vuestros miembros al pecado como instrumentos de iniquidad, sino presentaos vosotros mismos y vuestros miembros a Dios como vivos de entre los muertos, y vuestros miembros a Dios como instrumentos de justicia".*

Fue esa precisamente la iluminación de Romanos 7:25 la que produjo en Pablo ese grito de gratitud: *"Gracias doy a Dios, por Jesucristo Señor nuestro".* Pablo por fe se aferró a esa gran verdad: ahora vive bajo la gracia de Dios y no bajo la tiranía de la ley. Esa liberación llegó a ser una característica de Pablo. *"Mas a Dios gracias, el cual nos lleva siempre en triunfo en Cristo Jesús, y por medio de nosotros manifiesta en todo lugar el olor de su conocimiento"* (2 Corintios 2:14).

Pablo ahora está listo para dar fin a la larga trayectoria de la salvación que empezó en Romanos 3:21, 22; en esos versículos Pablo introdujo la doctrina de la justificación por la fe. *"Pero ahora, aparte de la ley, se ha manifestado la justicia de Dios, testificada por la ley y por los profetas; la justicia de Dios por medio de la fe en Jesucristo..."*

Ya que la justificación es la base firme de la santificación, Pablo ahora toma su posición por fe unido a Cristo y realiza una *posición* irrevocable ante el Juez justo. Pero sobre esta *posición* tan firme, ahora realiza por el Espíritu Santo una *condición* creciente de santidad y victoria en el diario vivir. Pablo llegará a la cumbre de la vida abundante en Cristo Jesús.

Capítulo 22

El ministerio único del Espíritu Santo en el creyente
Romanos 8:1-13

Pablo cierra con broche de oro el tema del ministerio del Espíritu Santo, la Tercera Persona de la Trinidad. En Romanos 8, bajo la inspiración del Espíritu, el apóstol esboza de manera clara y contundente nuestra verdadera posición: No hay condenación y nada nos puede separar del amor de Dios que es en Cristo Jesús. Su mensaje comienza diciendo *"Ahora, pues, ninguna condenación hay para los que están en Cristo Jesús"* (v.1) y concluye con no hay ninguna separación. *"Por lo cual estoy seguro que ni la muerte, ni la vida, ni ángeles, ni principados, ni potestades, ni lo presente, no lo por venir, ni lo alto, ni lo profundo, ni ninguna otra cosa creada nos podrá separar del amor de Dios, que es en Cristo Jesús Señor nuestro"* (vv.38, 39). ¿Qué más podríamos querer tener?

Quisiera trazar el papel del Espíritu Santo en Romanos. Por mucho que nos sorprenda, sólo hay dos menciones explícitas del Espíritu antes de Romanos 8; sin embargo, en este capítulo aparece a lo menos unas veinte veces. En la introducción del libro sí hay una referencia pero no está desarrollada, sólo se menciona brevemente. Este hecho de solo dos referencias desarrolladas ha de ser significativo.

La primera referencia es en Romanos 5:5: *"el amor de Dios ha sido derramado en nuestros corazones por el Espíritu Santo que nos fue dado"*. Ésta es una referencia paulina a la regeneración. La segunda que se menciona está en Romanos 7:6 *"Pero ahora estamos libres de la ley, por haber muerto para aquella en que estábamos sujetos, de modo que sirvamos bajo el régimen nuevo del Espíritu y no bajo el régimen viejo de la letra"*. Pablo anuncia aquí el papel del Espíritu Santo en la vida del creyente.

Antes de Romanos 8 Pablo destaca el medio de la fe como nuestra entrada en la salvación, el papel crítico en la vida del creyente. *"El justo por la fe vivirá"*, ha sido su lema constante. Subraya que todo lo que nos corresponde es la fe, no las obras ni las luchas ni los esfuerzos. Donde hay fe, el Espíritu Santo obra ya sea implícita y explícitamente.

Al fin y al cabo él es el Espíritu de Verdad (Juan 14:17; 16:13); la verdad objetiva es la base de la fe salvadora. El Espíritu de verdad opera sobre la verdad objetiva —primero la verdad creída y obedecida y luego la obra manifiesta del Espíritu.

Nuestra nueva posición jurídica e irrevocable en pura gracia - Romanos 3:21-8:25

Quisiera a grandes rasgos trazar la obra maestra de Dios en Romanos. Después de una denuncia rotunda de los pecados y la naturaleza pecaminosa en 1:18-3:20, Pablo introduce la nueva justicia, una nueva **posición ante el Juez justo**. Lo puede hacer porque el Juez mismo puso a su amado hijo por propiciación por nuestros pecados (3:25). Sobre esa base jurídica el Juez declara ex cátedra que el *"impío que cree"* goza de la misma justicia ante Dios que tiene su propio hijo Cristo.

Ésta es la maravilla de la gracia de Dios y el amor de Dios manifestados en el derramamiento de la sangre de Jesús. Esta *"salvación tan grande"* nos llega por medio de la fe, no es algo que pudimos aportar. Es la fe que viene por la Palabra de Dios. Éste es el argumento de Romanos 4 con los ejemplos de Abraham y David con respecto a la justificación.

Una nueva mirada hacia atrás y hacia delante - Romanos 5:1-8

Romanos 5:1-8 nos lleva a dar una mirada hacia atrás y una para delante. Esto es clave. Se introducen las siete bendiciones de nuestro andar: *"habiendo sido justificados"*, el punto de partida de la justificación. Nos resultan en: 1.) la paz, 2.) la entrada, 3.) la firmeza en gracia, 4.) la esperanza futura, 5.) en la actualidad la serie de pruebas que nos confirman la esperanza. Ahora viene el ápice de la **condición nuestra**: 6.) *el amor de Dios ha sido derramado en nuestros corazones,* (7.) *"por el Espíritu Santo que nos fue dado".*

Una traducción más literal de este último punto debería decir: *"el Espíritu habiendo sido dado".* Es un participio presente perfecto que indica algo definitivo que pasó en el pasado, pero cuya potencia sigue en pleno vigor.

Es muy importante tomar nota de que es la primera mención del Espíritu Santo en Romanos 5:5, después de la introducción de Romanos (1:4). Empieza el párrafo en 5:1 diciendo, con respecto a la justificación, *"habiendo sido justificados"*. Y termina el párrafo de las siete bendiciones diciendo: *"habiendo sido dado"* el Espíritu Santo.

No se puede sacar otra conclusión de que el Espíritu nos fue dado en el mismo momento de nuestra justificación lo cual afirma también Romanos 8:9: *"Mas vosotros no vivís según la carne, sino según el Espíritu, si es que el Espíritu de Dios mora en vosotros. Y si alguno no tiene el Espíritu de Cristo, no es de él".*

El ministerio de la salvación personal en el Antiguo Testamento - una inferencia personal

Hago una inferencia muy fuerte. Según Génesis 15:6 "(Abraham) *le creyó a Jehová y le fue contado por justicia"*. Pablo saca la misma conclusión con respecto a Abraham antes de la ley y David después de la ley (Romanos 4:3, 6). **Para mí, *la justificación o la salvación personal* del Antiguo Testamento es precisamente como la del Nuevo Testamento, es decir, la esencia de la justificación/regeneración.** Hay diferencias entre el llamado de Israel y el de la Iglesia, pero tienen su base común en la salvación personal a través de aquel que había de venir. ¿Quién puede dudar de la salvación personal de Abraham, David, Enoc, Daniel?

Hay diferencias de función y ministerio entre Israel en el AT y la iglesia en el NT, pero tantos los del Antiguo como los de Nuevo se gozaban del mismo Espíritu, *habiendo sido dado* en la justificación. De otro modo tenemos dos salvaciones que no puede haber o tenemos una salvación inferior y otra superior. Hebreos 11, sin embargo, no permite tal cosa. Hay que guardar las diferencias en el llamado de Israel y el de la Iglesia a partir de Hechos 2, pero no debemos confundirnos en cuanto a **la salvación personal por la fe.**

Antes de la Cruz y la resurrección esta verdad no podía entenderse en El Antiguo Testamento. Cristo no había venido y la Iglesia, el Cuerpo de Cristo, no existía en aquel tiempo. Pero la **salvación personal** viene primero y luego el desenvolvimiento de la historia salvífica a través de la Cruz. No puede haber existido la misma espiritualidad de los santos del AT y del NT sin la presencia y la morada del Espíritu Santo, en el AT implícita, en el NT explícita.

No cabe duda de que después de la Cruz gozamos de los privilegios del conocimiento histórico que los del Antiguo Testamento no tenían. *"Y todos éstos, aunque alcanzaron buen testimonio mediante la fe, no recibieron lo prometido; proveyendo*

*Dios alguna cosa mejor para nosotros, **para que no fuesen perfeccionados aparte de nosotros***" (Hebreos 11:39, 40).

Nuestra nueva posición frente al primer Adán y el Postrer Adán - Romanos 5:9-21

Pablo nos dio una vislumbre del nuestro glorioso andar futuro en 5:1-8. Vuelve a tratar a fondo la triste realidad del origen del mal en el ser humano. El cáncer del pecado Dios no lo iba a curar ligeramente. En el primer Adán **morimos en pecado**; pero en el Postrer Adán **morimos al pecado**. ¡Qué diferencia tan tremenda! ¿Quién duda de la verdad contundente de que nacemos en pecado? La naturaleza humana se contagió en el pecado del primer Adán, cabeza de la raza humana.

Sin entrar en detalles, Pablo presenta cinco veces el MUCHO MÁS en nuestra nueva Cabeza que es Cristo (5: 9, 10, 15, 17, 20). En la regeneración, la cual Pablo no destaca con la misma precisión como el apóstol Juan, Dios imparte la nueva naturaleza de Cristo. Esto es el renacer de Juan 3. El argumento convincente es que estuvimos en Adán cuando pecó y la evidencia es abrumadora. Del mismo modo morimos al pecado en Cristo, en nuestra nueva cabeza; morimos en su muerte a la naturaleza que ya no nos gobierna como antes. Ya estamos listos para entrar en Romanos 6.

Nuestra nueva posición, muertos al pecado, trae otro andar libertador - Romanos 6:1-23

Ya llegamos a lo crítico, lo indispensable. No hay pregunta más directa y perturbadora que ésta: "*¿Perseveraremos en el pecado para que la gracias abunde?*". Sería escandaloso decir que sí. Además Pablo agrega: "*En ninguna manera. Porque los que **morimos al pecado**, ¿cómo viviremos en él?* Ante Dios, Pablo lo ve como algo inimaginable.

Luego presenta claramente el análisis de esta posición nueva en 6:2-5 y la síntesis en 6:6, mi versículo favorito:

"Sabiendo/conociendo *esto, que nuestro viejo hombre fue co crucificado con él, para que el cuerpo del pecado sea destruido* (*"katargeo"*, rendido nulo e inútil, desmantelado), *para que no sirvamos más el pecado".*

No cabe duda alguna de que esta verdad, nuestra muerte representativa en el Postrer Adán presentada en Romanos 5:9-21, es el eje, el punto de partida y meollo, el objeto de nuestra fe. Llamamos esto *nuestra identificación* con Cristo. Estamos unidos a Cristo que también en otro aspecto murió al pecado (6:10) y de igual manera nos contamos muertos y vivos según los cinco pasos creídos y escogidos (6:11-14). Estos pasos dados en fe nos conducen a *nuestra participación* en Cristo.

Nuestra unión con Cristo resulta en un nuevo querer bajo el Espíritu Santo - Romanos 7:1-6

En esta analogía del matrimonio con Cristo Dios nos abre un nuevo horizonte, *una verdadera participación práctica. "Así también vosotros, hermanos míos, habéis muerto a la ley mediante el cuerpo de Cristo, para que seáis de otro, del que resucitó de los muertos, a fin de que llevemos fruto para Dios"* (7:4). El nuevo avance espiritual es que *morimos al pecado* en esa muerte representativa y ahora estamos *muertos a la ley* como el medio para entrar en la vida victoriosa. El Espíritu Santo es ahora la persona que realiza en nosotros la verdadera victoria ganada en la Cruz.

Pero todavía queda algo que aclarar. Tal unión no será realizada por nuestras luchas bajo las demandas de la ley, sino sólo por una profunda humillación y quebrantamiento de nuestro "yo".

La ley provoca la carne y resulta en el fracaso del creyente - Romanos 7: 7-24

Mediante tres pasos hacia abajo, Pablo se da cuenta de su profunda derrota: 1.) *"por el mandamiento el pecado llegase a ser sobremanera pecaminoso"* (v.13); 2.) *"yo sé que en mí, esto es, en mi carne no mora el bien; porque el querer el bien está en mí, pero no el hacerlo"* (v.18); y 3.) finalmente llegando al nadir cuando exclama *"¡Miserable de mí! ¿Quién me librará de este cuerpo de muerte?"* (v.24).

Por fin Pablo se da cuenta que la ley, es decir, sus esfuerzos por obedecer a la ley, nunca le darían la victoria. Queda rendido, se da por vencido y por primera vez está listo para mirar hacia la cruz y tomar su posición con Cristo ya muerto a la ley y muerto al pecado a la vez.

La nueva realización por fe y la toma de nuestra posición suelta al Espíritu - Romanos 8:1-4

Nos sorprende mucho que del nadir del fracaso exalta Pablo: *"Gracias doy a Dios, por Jesucristo Señor nuestro"* (7:25). Debió haber puesto su fe, no en sus esfuerzos sino en su nueva posición muerto a sus males. Precisamente en ese momento el Espíritu Santo actúa y no hay más condenación de ningún tipo. Sigue la razón - la presencia bendita del Espíritu ya listo a infundir el cómo de la victoria. *"Porque la ley del Espíritu de vida en Cristo Jesús me libró* (aoristo) *de la ley del pecado y de la muerte"* (8:2).

Sigue Pablo en resumidas cuentas devolviéndonos al Mensaje de la Cruz (8:3). Dios condenó la ley del pecado y de la muerte en su hijo (Romanos 6:6). Ya lo hizo todo. Sólo nos queda dejar de confiar en nosotros mismos y tomar muy a pecho lo realizado en la Cruz. Nuestra fe sencilla en lo que la Palabra afirma suelta al Espíritu para que él haga lo que sólo él puede hacer, es decir, darnos la victoria.

Otra vez, donde opera primero la fe y la sumisión nuestra al veredicto de la cruz, precisamente allí mismo opera siempre el

Espíritu Santo. El Espíritu de Cristo es nuestra victoria momento tras momento.

Los dos "modus operandi": la carne y el Espíritu son incompatibles - Romanos 8:5-11

Pablo vuelve a tratar los dos "modus operandi" (8:5-8) en el incrédulo y el creyente —contrastes muy agudos. Así vive el incrédulo bajo la tiranía de mal. El creyente se mueve en otro ambiente totalmente diferente. Tal es su posición firme en Cristo. Si vuelve a ponerse bajo la ley por un tiempo sufre la anomalía de la derrota temporaria (7:7-24). Pero su posición firme es otra.

Responde Pablo con una declaración categórica: *"Mas vosotros no vivís según la carne, sino según el Espíritu, si es que el Espíritu de Dios mora en vosotros. Y si alguno no tiene el Espíritu de Cristo, no es de él"* (8:9). No hay nada más claro. El Espíritu disponible para el creyente por fe es la garantía divina de la victoria. El cuerpo puede llevar el potencial de debilidad y muerte, pero la resurrección de Cristo es la respuesta definitiva a tal hecho.

Sigue esta tremenda confianza: *"Y si* (ya que) *el Espíritu de aquel que levantó de los muertos a Jesús mora en vosotros, el que levantó de los muertos a Cristo Jesús vivificará también vuestros cuerpos mortales por su Espíritu que mora en vosotros"* (8:11). El milagro de la resurrección de Cristo es la comprobación positiva de que Dios conquistó, no tan sólo la ley del pecado sino también la ley de la muerte, una doble victoria que nos extiende la plena confianza en unión con Cristo.

La conclusión definitiva de esa gloriosa trayectoria - Romanos 8:12, 13

Por fin hemos llegado a cierta conclusión en estos dos versículos. Es cierto que sigue a continuación el resto de Romanos 8, pero es más bien el ministerio del Espíritu que vive en el creyente llevándole a su glorificación y triunfo final.

Así que, hermanos, deudores somos, no a la carne, para que viviéramos conforme a la carne; porque si vivís conforme a la carne, moriréis; mas si por el Espíritu hacéis morir las obras de la carne, viviréis" (8:12,13).En este resumen llega a las conclusiones. Somos deudores, siempre deudores a Dios y a la santidad porque Dios a gran precio ha hecho todo lo posible. Nos declara justos en la muerte de su hijo y por el Espíritu elabora en nosotros la misma vida de Cristo. El creyente no tiene otro llamado. Dios no nos ha dado meramente un pasaporte al cielo. Quiere forjar en nosotros la misma vida resucitada de su amado hijo. ¡Que sea éste nuestro anhelo siempre!

Recurre a los dos "modus operandi", no para sugerir que la carne nos corresponda. Antes había dicho rotundamente: *"Mas vosotros no vivís según la carne..."* Al contrario menciona la carne para alejarnos definitivamente y para siempre de cualquier rumbo hacia ella. Lo que nos urge es lograr lo que Dios en gracia nos ha provisto.

En el versículo 13 Dios nos da el perfecto balance entre la parte divina y la nuestra. El orden es clave y es siempre lo que ha sido. Primero es Dios. *"Y todo esto proviene de Dios, quien nos reconcilió consigo mismo por Cristo y nos dio el ministerio de la reconciliación"* (2 Corintios 5:18). Pero habiéndolo dicho sigue la parte nuestra - exclusivamente por la fe, tomando nuestra posición con él en muerte al pecado (Romanos 6:6), muerte a la ley o nuestras luchas (7:4, 6), muerte al mundo (Gálatas 6:13). *"El justo por la vivirá"* (Habacuc 2:4).

Tome nota del orden: *"... mas si **por el Espíritu** hacéis morir las obras de la carne, viviréis".* Esto lo podemos hacer sólo por el Espíritu. Él es el que da las fuerzas con base en nuestra fe. Pablo combina estas dos energías: *"... ocupaos en vuestra salvación con temor y temblor, porque Dios es el que en nosotros produce así el querer como el hacer, por su buena voluntad"* (Filipenses 2:12, 13).

¡Qué trayectoria desde la justificación hasta la santificación - Romanos 3:21 – 8:13!

Un Testimonio personal

Permítame contarles un testimonio personal. En mi primer año como seminarista en Prairie Bible Institute (1946) hubo un avivamiento que me impactó la vida. El conferencista habló de la persona y la obra del Espíritu Santo. Yo había venido leyendo los escritos de Andrés Murray. Me decía que debemos honrar y venerar al Espíritu Santo con una persona divina. En su debido ministerio de realizar en nosotros la vida de Cristo, debemos tratarlo como lo es, una persona divina. Nos toca reconocer su persona, su obra y recibirlo por pura fe en una nueva sumisión a Cristo.

Di ese paso y desde ese trato con Dios y en una nueva muerte a mi persona, el Espíritu Santo empezó a obrar de manera más palpable. No hubo ninguna señal, ni tampoco buscaba una, sino que comencé a experimentar un profundo sometimiento a la voluntad de Dios. En esos días empecé a reconocer los dones que me había dado, los cuales he ejercido desde ese tiempo para su gloria

Mi vida espiritual cobró un nuevo color, nada espectacular. Si Romanos 8 nos enseña algo, nos enseña que el Espíritu opera donde dejemos que la cruz opere en nosotros. Opera él en ese orden, primero la Cruz y luego la fe que recibe lo dado en gracia. Que Dios nos lo conceda para la gloria de Cristo.

Capítulo 23

Nuevos horizontes del Espíritu en el creyente
Romanos 8: 17-18

¡Cuántas bendiciones incalculables emanan cuando somos fieles en ese andar crucificados con Cristo! Mirando el panorama de nuestra salvación, se pueden observar nuevos horizontes. El apóstol no sólo nos lleva a reconocer nuestra posición en Cristo, sino que ahora nos encausa por derroteros aún más abundantes en el poder del Espíritu Santo. Romanos 8:14 destaca el ministerio amplio de la Tercera Persona de la Trinidad en el creyente que *"hace morir las obras de la carne"* (8:13).

La guía del Espíritu en las palabras de Isaías resuenan con poder en nuestros oídos: *"Voz que clama en el desierto: Preparad camino a Jehová; enderezad calzada en la soledad a nuestro Dios. Todo valle sea alzado, y bájese todo monte y collado; y lo torcido se enderece, y lo áspero se allane. Y se manifestará la gloria de Jehová"* (40:3-5). Lo profetizado se realiza ahora en la vida del creyente. Todo esto gira alrededor de las 20 referencias del ministerio del Espíritu en Romanos 8.

Otro horizonte que nos abre nuevas vistas espirituales es la intimidad y el privilegio de clamar a Dios: ¡*Abba, Padre!* Ahora queda afuera el espíritu de esclavitud y temor, he aquí el espíritu de adopción, entrando en la plena posesión de todo lo que Dios nos da.

En Romanos 8:15 *"clamamos: ¡Abba, padre!"* En Gálatas 4:6 Pablo cambia a quien clama: *"Y por cuanto sois hijos, Dios envió a nuestros corazones el Espíritu de su Hijo, el cual clama: ¡Abba Padre!"* ¡Qué harmonía de voz, tanto el creyente como el Espíritu! Todo estriba en una relación absolutamente segura e íntima de ser hijos de Dios, nuestra nueva realidad.

Y eso no es todo, se nos abre aún otro horizonte: *"El Espíritu mismo da testimonio a nuestro espíritu, de que somos hijos de Dios"* (8:16). Desde lo más adentro de nuestro ser, el espíritu renovado —ahora hecho sensible a ese guía— confirma nuestra posición ante Dios. Los nuevos horizontes que siguen concretan la firmeza del creyente que anda crucificado con Cristo. Pero Pablo va a dar otro paso que nos deja aun más pasmados.

Otro horizonte: heredero con Dios y coheredero con Cristo - Romanos 8:17

Con la lógica incontrovertible Pablo nos llama hijos y como hijos herederos. En cierto sentido eso no nos sorprende porque el hijo legítimo puede reclamar lo suyo en la cultura nuestra. Pero Pablo dice: *"Y si hijos, también herederos; herederos de Dios y coherederos con Cristo"* (8:17).

Tratemos de contemplar por un momento lo inmenso, lo imposible de que la criatura sea heredera con el creador, o aun más que al pecador perdonado se le dé una posición al igual que al amado hijo de Dios. Incomprensible, inimaginable. Pero el texto inspirado lo afirma, todo basado en el ministerio del Espíritu Santo activo en la vida del creyente, quien ahora está crucificado con Cristo.

En la misma oración en que Pablo afirma que somos hijos de Dios, herederos con Dios y coherederos con Cristo, nos sorprende cuando explica lo que significa esto en la vida del creyente que vive en un mundo hostil. Hubiéramos pensado que siendo hijos de Dios y herederos de lo divino estaríamos exentos de sufrir. Pero la verdad es que el sufrir nos hace llegar a conocer a Dios de manera más profunda.

En lugar de quejarnos, una reacción muy humana ante el sufrimiento, deberíamos preguntarnos: ¿Por qué tengo que sufrir? Nos conviene aceptar en sumisión de corazón el andar con el Crucificado. En los padecimientos de Dios y su amado hijo entramos en la verdadera herencia de hijos. Por eso Pablo, lejos de quejarse sigue diciendo: *"si es que padecemos juntamente con él, para que juntamente con él seamos glorificados"* (8:17).

Aquí no cabe de ninguna manera la Teología de la Prosperidad que busca responder a los caprichos del egoísta. Nos salva Dios, no por ponernos prósperos sino hacernos más santos y humildes. Muy contrario a lo que promueve el movimiento "Pare sufrir" que trata de imposibilitar el sufrimiento en la vida del creyente.

El hecho de estar en esta relación privilegiada con Dios, en esa unión íntima, es lo que nos introduce al mismo corazón de Dios, el Dios que ha sufrido eternamente a favor nuestro. Sólo conoceremos a Dios cuando suframos los padecimientos de Cristo. De esa manera entramos en el lugar más santo, el santuario de Dios mismo.

Pablo responde con su anhelo más grande: *"Y ciertamente, aun estimo (calculo) todas las cosas como pérdida por la excelencia del conocimiento de Cristo Jesús, mi Señor, por amor del cual lo he perdido todo, y lo tengo por basura (estiércol), para ganar a Cristo... a fin de conocerle, en el poder de su resurrección, y la* **participación de sus padecimientos,** *llegando a ser semejante a él en su muerte"* (Filipenses 3:8-10).

La gran pregunta: ¿Por qué sufre el hijo de Dios?

Por siglos esta pregunta ética ha confundido a los filósofos y teólogos de todas las religiones. Pero para todos los que preguntan por qué Dios nos permite meternos un callejón sin salida lógica, la Biblia responde que esta vida presente no es sino una vislumbre de lo que le espera al hijo de Dios en la abundancia futura. Quizá no nos da la respuesta intelectual que deseamos tener, sino que con la seguridad bendita que el futuro nos aguarda se nos manifestará la razón divina.

Cuando hablamos de los sufrimientos, debemos pensar primero en Dios mismo. ¿Quién ha sufrido más que él? El concepto bíblico que nos pasma es que Dios mismo lo ideó, sabiendo que le iba a costar mucho más caro de lo que pudiéramos concebir, tanto al Padre como al Hijo mismo.

Al gritar desde la cruz, Jesús clama: *"Eloi, Eloi, ¿lama sabactani? que traducido es: Dios mío, Dios mío, ¿Por qué me has desamparado?"* (Marcos 15:34). Lo desconocido desde antes de la creación pasó en la Cruz. *"Porque también Cristo padeció una sola vez por los pecados, el justo por los injustos, para llevarnos a Dios...."* (1 Pedro 3:18). *"Mas Dios muestra su amor para con nosotros, en que siendo aún pecadores, Cristo murió por nosotros"* (Romanos 5:8).

En breve, la participación ("koinonía") de los padecimientos de Cristo (Filipenses 3:10) nos dan franca entrada en el "lugar más santo", compartiendo Dios verdaderamente su corazón, su amor, su dolor y nuestra glorificación futura. Tal conocimiento profundo de Dios no es alcanzado por ningún seminario, por ningún título académico, por ningún servicio en sí mismo. Sólo al entrar por fe y andar con el Crucificado se nos permite realizar lo supremo de ser herederos con Dios y coherederos con Cristo.

¿Qué tal los sufrimientos humanos?

No todos los sufrimientos humanos son los sufrimientos verdaderos que nos llevan a conocer más a nuestro Dios. Gálatas 6:7-8 nos advierte: *"No os engañéis; Dios no puede ser burlado: pues todo lo que el hombre sembrare, eso también segará. Porque el que siembra para su carne, de la carne segará corrupción; mas el que siembra para el Espíritu, del Espíritu segará vida eterna"*.

En dado caso que confesemos nuestro pecado y dejemos que Dios nos humille, tales consecuencias inevitables nos pueden servir para nuestro bien futuro. Dios las puede tornar aun en provecho y crecimiento; pero éstos no son los padecimientos de Cristo. Los sufrimientos **providenciales** en las manos de Dios son los verdaderos sufrimientos que *"nos ayudan a bien"*, eco de lo cual viene anticipado en Romanos 8:28. Los sufrimientos que nos llegan al hacer la voluntad de Dios, sí que son los que Dios torna en la semejanza suya. Nuestro corazón empieza a latir al ritmo suyo. Puede haber todo tipo providencial de sufrimientos que redunde para la gloria de Dios.

Pensamos en los mártires y aquéllos en estos días en nuestro mundo que sufren injustamente por ser creyentes. En el mundo islámico es un crimen ser convertido a costo de la muerte. Muchos pagan el precio supremo. Pero tales sufrimientos serán recompensados ampliamente en el futuro. La mayoría de nosotros no hemos sufrido nada en comparación con éstos.

Existen los sufrimientos que vienen en el desempeño de algún ministerio en su bendita voluntad. Vale la pena leer la lista que Pablo nos da en 2 Corintios 11:16-33; veamos un fragmento: *"En trabajo y fatiga, en muchos desvelos, en hambre y sed, en muchos ayunos, en frío y en desnudez; y además de otras cosas, lo que sobre mí se me agolpa cada día, la preocupación por todas las iglesias. ¿Quién enferma, y yo no enfermo? ¿A quién se le hace tropezar, y yo no me indigno? Si es necesario gloriarse, me gloriaré en lo que es de mi debilidad"* (27-30). Esto es la "koinonía" con los padecimientos de Cristo.

La santificación de nuestros sufrimientos

Pablo introduce un concepto nuevo que santifica todo tipo de sufrimiento providencial y debe cambiar nuestro parecer frente a todo lo que Dios nos permite pasar. *"Ahora me gozo en lo que padezco por vosotros, y cumplo en mi carne lo que falta de las aflicciones de Cristo por su cuerpo, que es la iglesia"* (Colosenses 1:24).

Parece que Pablo se atreve a decir lo inimaginable, como si fueran insuficientes los sufrimientos de Cristo. Pero no, de ninguna manera, queda el misterio —algo todavía no plenamente revelado a nosotros— que los sufrimientos de uno en la voluntad de Dios repercuten en el beneficio, no tan sólo en la Cabeza, sino también en todo el Cuerpo de Cristo, la Iglesia Mística e Invisible.

Pablo subraya esta misma enseñanza que transforma totalmente nuestros padecimientos por Cristo en beneficio de otros. Es esta verdad que hace que Pablo dé principio a la única epístola que respira una doxología de pura gratitud. *"Bendito sea el Dios y Padre de nuestro Señor Jesucristo, Padre de misericordias y Dios de toda consolación... Porque de la manera que abundan en nosotros las aflicciones de Cristo, así abunda también por el mismo Cristo nuestra consolación. Pero si somos atribulados, es para vuestra consolación y salvación..."* (2 Corintios 1:3, 5, 6).

En el mismo pasaje, Pablo recurre a lo que dio ocasión a esta doxología. *"Porque hermanos, no queremos que ignoréis acerca de nuestra tribulación que nos sobrevino en Asia; pues fuimos abrumados sobremanera más allá de nuestras fuerzas, de tal modo que aun perdimos la esperanza de conservar la vida. Pero **tuvimos en nosotros mismos sentencia de muerte,** para que no confiásemos en nosotros mismos, sino en Dios que resucita a los muertos"* (2 Corintios 1:8,9).

La frase clave que nos explica el cómo de la victoria en medio de los sufrimientos es *"**tuvimos en nosotros mismos sentencia de muerte".*** Es una clara referencia a nuestra muerte con Cristo en la cruz, muertos al pecado y al viejo "yo" y ya vivos para Dios en Cristo Jesús (Romanos 6:6, mi versículo favorito). Tal es el mensaje de la Cruz, el secreto abierto que nos hace partícipes en los padecimientos de Cristo y así conocer más hondamente al Dios trino.

¿Qué es lo que hace que *"no confiásemos en nosotros"?* En los sufrimientos que Dios ordena nos vemos como somos, como él nos ve en nosotros mismos, inútiles, orgullosos, incapaces de llevar la vida resucitada de Cristo. En morir y aceptar por fe lo que Dios manda, proveemos al Espíritu el ambiente en que puede hacer su obra, *"haciéndonos morir las obras de la carne"* (8:13). Nos da la oportunidad bendita de morir a nuestro viejo "yo" ya crucificado con él (Romanos 6:6).

Ahora entendemos por qué son necesarios los sufrimientos nuestros en la voluntad de Dios. Son realmente los mismos medios que Dios usa para que ministremos, no en el poder de nuestro intelecto y la energía de la carne, sino en el poder del Mensaje de la Cruz.

Unas aplicaciones prácticas que nos animan

En los últimos meses tres fieles siervos de Dios, colegas míos, han tenido *"sentencia de muerte"* en sus cuerpos. Son pruebas providenciales. Uno de ellos es pastor, y a pesar de su cuerpo parapléjico levantó una iglesia hispana en Arizona. Dios los bendijo grandemente con conversiones y bautismos. Tuvo una lucha con cáncer y sufrió la quimioterapia; pero ya le volvió fuerte el cáncer y los médicos le dan poca esperanza de sobrevivir. Hace frente con sumisión a lo que Dios permite, pero es difícil. Lo recibe de las manos de Dios, pero tal actitud bendecirá el Cuerpo de Cristo, pase lo que pase.

Otro graduado del Seminario Bíblico Río Grande, pastor fiel, se cayó y fracturó la cadera; resultó en una diagnosis inesperada de cáncer en los huesos. En plena salud otra *"sentencia de muerte"*. Pero Dios interviene y sabemos que en algo ha de resultar. Sin duda conocerá a Dios de una nueva perspectiva. Este siervo me escribió diciendo: "Me siento como hombre renovado. Cuando empezó el sufrimiento, empezó a crecer la pequeña iglesia". No es casualidad.

Otro colega mío en pleno ministerio con nosotros fue diagnosticado de golpe con cáncer de los pulmones y le dan poca esperanza de vida.

Pablo había dicho: *"Pero tenemos este tesoro en vasos de barro, para que la excelencia del poder sea de Dios, y no de nosotros, que estamos atribulados en todo, mas no angustiados; en apuros, mas no desesperados; perseguidos, mas no desamparados; derribados, pero no destruidos; llevando en el cuerpo siempre por todas partes la muerte de Jesús, para que también la vida de Jesús se manifieste en nuestros cuerpos... de manera que la muerte actúa en nosotros, y en vosotros la vida"* (2 Corintios 4:7-9, 12).

De ninguna manera éstos reciben castigo de parte de Dios. Al contrario, Dios los llama a una más profunda relación con el Crucificado y a nosotros nos dice lo mismo. Quedan en sus manos y sus ejemplos nos pueden servir de edificación y, sobre todo, sus vidas y sufrimientos glorifican Dios. Les cuesta; no cabe duda que sí, pero es la herencia a que el Crucificado nos llama como hijos de Dios. No sabemos cuándo nos toque algo semejante.

Amy Carmichael, una misionera irlandesa a la India (1867-1951), fundó una casa hogar para albergar a centenares de chicas rescatadas de los templos hindúes, en donde eran sometidas a abuso sexual. Ella era la dinámica y líder espiritual por más de cincuenta años. En plena bendición de su ministerio (1931), se cayó y fracturó la pierna y dislocó el tobillo.

Hicieron mucha oración para que Dios la sanase, pero Dios no la sanó. Así ella pasó los últimos 20 años confinada a su "recámara de paz". Sin embargo, de allí ministró a sus colegas; escribió trece libros sobre el Mensaje de la Cruz que han ministrado bendiciones y exhortaciones a miles de personas desahuciadas en todo el mundo. **Dios se glorificó en ella más por su sufrimiento que por su servicio.**

Para mí estos sufrimientos son providenciales que vienen de la mano amorosa de Dios. No hay una explicación lógica, ni teológica del por qué. Pero con base en esta enseñanza libertadora, Dios puede santificarnos los padecimientos de Cristo. O los puede sanar, si es su voluntad, o darles la gracia y las fuerzas para, de esta manera, manifestar la imagen de Cristo **o por muerte o por vida.** Pablo hizo frente a semejante situación de por muerte o por vida: *"Porque sé que vuestra oración y la suministración del Espíritu de Jesucristo, esto resultará en mi liberación, conforme a mi anhelo y esperanza de que en nada seré avergonzado; antes bien con toda confianza, como siempre, ahora también **será magnificado Cristo en mi cuerpo, o por vida o por muerte"** (Filipenses 1:19, 20).

Para mí es muy significativo que en el capítulo de la plena victoria, Romanos 8, el Espíritu nos introduce al honor de los padecimientos de Jesús en los cuales podemos participar. Es la verdadera victoria cuando en medio de la *"sentencia de muerte"* se manifestará la vida de Jesús. Pablo había dicho: *"Cuando llegué a Troas... no tuve reposo en mi espíritu... mas a Dios gracias, el cual nos lleva **siempre** en triunfo en Cristo Jesús, y por medio de nosotros manifiesta **en todo lugar** el olor de su conocimiento"* (2 Corintios 2:12, 14).

Capítulo 24

El Espíritu actúa en la glorificación futura y en la oración actual
Romanos 8:19-27

Comenzamos este capítulo con los ojos fijos en nuestra herencia eterna. Después de que Pablo ha puesto en claro el ministerio del Espíritu en *"el impío que cree"* (Romanos 3:21-8:13), sigue describiendo la amplitud de su ministerio tanto futuro como actual. El apóstol habla con elocuencia sobre nuestro derecho de ser hijos de Dios, herederos de Dios y coherederos con Cristo (Romanos 8:14-18).

Con este gran privilegio de intimidad pone la condición de nuestra identificación con Cristo y sus padecimientos: *"Si es que padecemos juntamente con él, para que juntamente con él seamos glorificados. Pues tengo por cierto que las aflicciones del tiempo presente no son comparables con la gloria venidera que en nosotros ha de manifestarse* (8:17, 18). Ni por un momento nos deja con la idea que es duro y difícil servir y/o sufrir por él. La glorificación nuestra nos aguarda y nos apremia.

Ante la expectación de los hijos de Dios, la creación por redimirse - Romanos 8:19, 20

Pablo ahora lanza el siguiente tema de la glorificación de la creación tanto de la tierra como los hijos de Dios. Los trata como si fuesen la misma cosa. Antes había desarrollado la condenación de la raza en el Primer Adán en 64 versículos (1:18-3:20), la justificación en 47 versículos de la raza en el postrer Adán (3:21-4:25) y la santificación en 82 versículos (5:1-8:13). Ahora en 21versículos expone la glorificación con sus aspectos actuales y futuros. El número de los versículos puede ser como una indicación del énfasis que Dios pone en estas doctrinas gloriosas.

El apóstol bajo la inspiración del Espíritu habla de la totalidad de la creación divina que anticipa la futura manifestación o la glorificación de los hijos de Dios. Sigue enfatizando la suerte divina de los hijos de Dios en su glorificación. Tome nota de la frecuencia de la conjunción "porque" vinculando la glorificación de los hijos de Dios con la creación ya que Dios la creó "ex nihil". *"Porque el anhelo ardiente de la creación es el aguardar de los hijos de Dios"* (v.19). Dios los ve como una sola cosa, la obra de su designio soberano.

Se puede observar también la perspectiva divina frente a lo que es la caída de nuestros primeros padres, el pecado que Dios permitió *en esperanza* de la realización de su plan venidero. Es interesante que el texto no haga ninguna referencia ni indirecta a la entrada del pecado por el hombre, y mucho menos hace una sugerencia del rol del diablo. Dios no permite la mención del nombre ni de su enemigo en este glorioso capítulo.

En cinco oportunidades, Pablo da principio a su razonamiento con la conjunción "porque" (vv.19-22, 24). Está forjando un argumento que deja exclusivamente el futuro en manos de Dios mismo. Él es soberano y reina por encima de todo bien y todo mal. *"Porque la creación fue sujetada a vanidad, no por su propia voluntad, sino por causa del que* (Dios mismo) *la sujetó en esperanza"* (8:20) Dios no fue el autor del mal, pero lo permitió *en esperanza* para poner a todos bajo su misericordia y mostrar su gran amor (véase Romanos 11:30-36).

Es importante destacar que el apóstol recurre ocho veces en este párrafo al concepto de la **esperanza** y el verbo **esperar**. Dios dejó entrar el mal sólo porque él tenía un mejor plan de triunfar sobre el mal y glorificar tanto el mundo, obra de su mano que sufrió las consecuencias de Adán, como los hijos de Dios. Génesis 1-3 no fue un arriesgo divino sino una parte de su plan para glorificarse a través de la restauración de la creación y la redención de los hijos de Dios.

El papel soberano de Dios el Juez ante Satanás es una verdad libertadora

Es un principio bíblico que Dios no toma en cuenta al tentador como un factor legítimo. Es usurpador y Dios no lo reconoce; sólo lo maldijo y lo echó fuera (Juan 12:31). En la larga descripción del pecado al principio del libro (Romanos 1:18-3:20), no hay ninguna mención del tentador. Dios quiere dejar en claro que no juega un papel digno de tomarse en cuenta.

Hay, sin embargo, un tratamiento histórico de la culpabilidad de Adán y Eva. Pero de esta manera no les permite ninguna excusa frente a la tentación y su caída. Cuando Dios les hizo las preguntas: *¿dónde estás tú? ¿Has comido del árbol de que yo te mandé no comieses?* Adán echó la culpa a la mujer, y la mujer al tentador (Génesis 3:9, 11-13). Pero el pecado fue el pecado de ellos dos y Dios los juzgó debidamente.

Este principio de no darle a Satanás ninguna publicidad se ve en el famoso libro de los sufrimientos de Job. Es cierto que el diablo aparece ante Dios para presentar su queja en capítulo uno y dos. Pero después de estos dos capítulos, no hay mención de él. El diablo tiene que tratar con Dios, Job no tiene que tratar con el adversario directamente sino sólo con Dios mismo. Dios le permite a Satanás la tentación, pero poniéndole las condiciones limitantes. Job responde sólo a Dios y se queja con Dios.

Si hay una alusión indirecta al diablo, el autor no lo dignifica. Adán y Eva y también Job eran culpables por su propio pecado. Así sucede también en el caso nuestro. Nunca podemos echar la culpa al diablo o a un mal espíritu. Es el pecado nuestro confesado y perdonado que Dios perdona por la sangre de Cristo.

En Romanos 1-8 no hay mención del diablo. Muy al final sí que hay una mención brevísima: *"Y el Dios de paz aplastará en breve a Satanás bajo sus pies"* (16:20). Pero esa mención era para dejar en claro que será juzgado por Dios mismo.

Hay dos referencias bien sutiles en este capítulo de victoria (8) que pudieran referirse indirectamente al diablo, pero no lo dignifica el autor; viene en forma de dos preguntas retóricas sin darle la dignidad de la mención: *"¿Quién acusará a los escogidos de Dios? Dios es el que justifica. ¿Quién es el que condenará? Cristo es el que murió; aun más, el que también resucitó, el que además está la diestra de Dios, el que también **intercede por nosotros**"* (8:33-34). ¡Qué preciosa verdad! No tratamos nunca con el diablo, sólo con Dios perdonador y victorioso.

La glorificación de la creación divina a grandes rasgos futuros - Romanos 8:21-25

Pablo afirma categóricamente que la creación en el plan soberano será libertada **en esperanza** de *"la corrupción a la libertad gloriosa de los hijos de Dios"* (v.21). Afirma que será una impactante glorificación de la creación, pero no nos define ahora lo que esa afirmación quiere decir y en qué consiste. Quedamos en espera de tal revelación.

Es importante tener cuidado de no ir definiendo los detalles según nuestras ideas. Dios los retiene en su misericordia **esperando** el triunfo final. Apocalipsis declara: *"Vi un cielo nuevo y una tierra nueva; porque el primer cielo y la primera tierra pasaron, y el mar ya no existía más. Y el que estaba sentado en el trono dijo: He aquí, yo hago nuevas todas las cosas. Y me dijo: Escribe; porque estas palabras son fieles y verdaderas"* (Apocalipsis 21:1, 5).

Pablo introduce un concepto novedoso que no aparece en ninguna otra porción. *"Porque sabemos que toda la creación gime a una, y a una está con dolores de parto hasta ahora"* (v.22). El mal del hombre hizo estragos en el mismo ambiente, como si fuera una mujer en dolores de parto. Es el hombre el que hizo sufrir la creación, la obra de la mano de Dios. Esto nos da una idea más clara de la extensión del mal que hizo sufrir a Adán, el virrey original. Pablo aplica aquel doble desastre a nosotros. *"Y no sólo ella, sino que también a nosotros mismos, que tenemos las primicias del Espíritu, nosotros gemimos dentro de nosotros mismos, esperando la adopción, la redención del cuerpo"* (v.23). Puede verse lo muy vasto que era el plan salvífico que movió a Dios a sujetar **en esperanza,** con el fin trascendental en beneficio tanto del mundo creado por *"su poder y deidad"* como de los hijos de Dios. Esto nos da un nuevo concepto de lo grandioso de nuestro Dios. Génesis 1-3 no fue el fracaso de Dios sino un paso hacia una glorificación mucho mayor de lo que nos pudiéramos imaginar.

El plan trascendental de la glorificación divina

Esta verdad que nos orienta hacia la maravilla de la creación y la redención gira alrededor de la **esperanza.** La define bíblicamente: *"Porque en esperanza fuimos salvos; pero la esperanza que se ve, no es esperanza; porque lo que alguno ve, ¿a qué esperarlo? Pero si esperamos lo que no vemos, con paciencia lo aguardamos"* (vv.24, 25). El texto apela fuertemente a la paciencia, la fe echando mano del futuro que queda seguro en las manos victoriosas de nuestro Dios. Romanos ocho respira la confianza en el carácter de Dios que nos garantiza el futuro. Pero es un futuro nuevo tanto para los hijos adoptados como también para el nuevo mundo ya no contaminado de ningún mal.

Esta porción hace brillar nueva luz sobre la soberanía de Dios que ha triunfado sobre el mal sin mencionarlo. Todo fue hecho **en esperanza** que es y será la obra de su mano. Dios se glorificará en la creación y en sus hijos. Al usurpador y a la rebelión del hombre Dios no les da ninguna palabra.

Él reina sobre todo y nos promete una glorificación completa — nuevo cielo, nuevo mundo. *"He aquí, yo hago nuevas todas las cosas. No habrá allí más noche; y no tienen necesidad de luz de lámpara, ni de luz del sol, porque Dios el Señor los iluminará; y reinarán por los siglos de los siglos"* (Apocalipsis 21:5; 22:5).

El ministerio actual del Espíritu Santo: la intercesión eficaz

Quizá nos sorprenda que no se haga mención clara de la oración en Romanos hasta aquí en Romanos 8: 26. Esto no es para minimizar la importancia de ella. Más bien deja la oración como el medio eficaz de mover la mano de Dios, no en la petición nuestra sino en la iniciativa del Espíritu mismo obrando en nosotros. Él es activo, nosotros somos pasivos en ese sentido.

Nos enseña que la oración no es exclusivamente la obra nuestra sino que la verdadera oración nace en el Espíritu que mora y se mueve en nuestro espíritu. Sólo damos expresión en sumisión a su iniciativa y Dios responde según la iniciativa del Espíritu de Cristo. De esta manera, Pablo vuelve al tema de la actividad del Espíritu en el creyente.

En toda área cristiana Dios es primordial y así recibe toda la honra y la gloria *"a fin de que nadie se jacte en su presencia. Mas por él estáis en Cristo Jesús, el cual nos ha sido hecho por Dios sabiduría, justificación, santificación y redención; para que, como está escrito: El que se gloría, gloríese en el Señor"* (1 Corintios 1:29-31).

Al introducir el tema de la oración Pablo lo vincula con el tema anterior de la glorificación que es exclusivamente de Dios; tan segura es una verdad como la otra. *"Y de igual manera el Espíritu nos ayuda en **nuestra debilidad**; pues qué hemos de pedir como conviene, **no lo sabemos**, pero el Espíritu mismo intercede por nosotros con gemidos indecibles"* (8:26). No hay mérito alguno ni en la fe humana ni en la oración nuestra.

La verdad es que no sabemos el futuro ni lo que sea para la honra y gloria de Dios. Sabemos que no es la petición nuestra la que mueva a Dios; es más bien como la petición nuestra corresponde a la soberana voluntad de Dios en manos del Espíritu, a quien dejamos que nos controle. Aquí tenemos lo urgente de *"hacer morir las obras de la carne"* (8:13).

Permítame contarles un caso personal. Cuando oímos en 2007 que nuestra nietecita, Chloe Downey, a la edad de 13 años tenía leucemia aguda, cáncer de la sangre, Dios me dio como promesa Filipenses 4:6-7: *"Por nada estéis afanosos, sino sean conocidas vuestras peticiones delante de Dios con toda oración y ruego, con acción de gracias. Y la paz de Dios, que sobrepasa todo entendimiento, guardará vuestros corazones y vuestros pensamientos en Cristo Jesús"*.

Mi petición era evidentemente: su sanidad. Pero no me prometió la sanidad. Otros morían. Pero me prometió guardar mi corazón en paz y en sumisión. Tres años después nos dio la petición hecha con acción de gracias. Durante esos largos 30 meses nos guardó en paz y pudimos dejar en sus manos la voluntad de Dios, no según nuestro criterio sino según el suyo. La sanó y acaba de graduarse de la preparatoria.

¡Qué consolación nos da este texto! Nunca estamos solos ante cualquier situación temible. Si *hacemos morir las obras de la carne* (8:13), el Espíritu se encargará de dirigir nuestras oraciones precisamente a la voluntad de Dios. Quedamos en espera humilde para que él sea glorificado. La obra es de Dios.

No debemos llevar las cargas que le corresponden a Dios mismo. Pedro nos exhorta bien: *"Dios resiste a los soberbios, y da gracia a los humildes. Humillaos, pues, bajo la poderosa mano de Dios, para que él os exalte cuando fuere tiempo; echando toda vuestra ansiedad sobre él, porque él tiene cuidado de vosotros"* (1 Pedro 5:5-7).

El ministerio eficaz del Espíritu Santo en la oración en todo momento

Implícito en este texto: *"Nos ayuda en nuestra debilidad"*. Esto quiere decir que nunca somos infalibles, que podemos equivocarnos estando en este cuerpo mortal. Nos conviene reconocer nuestros errores, no importan los años que tenemos o los triunfos que Dios nos ha dado. La llenura del Espíritu no es para que tengamos la razón en todo sino para hacernos más humildes y más santos delante de él.

Pablo nos hace saber que no hay oración eficaz sin el ministerio del Espíritu Santo. Tenemos la libertad de hacer nuestras peticiones con acción de gracias, pero Dios responde sólo al Espíritu. *"Mas el que escudriña (Dios mismo) los corazones sabe cuál es la intención del Espíritu, porque conforme a la voluntad de Dios intercede por los santos"* (8:27).

Esta verdad subraya la importancia de andar en el Espíritu y no resistirlo (Hechos 7:51), ni apagarlo (1 Tesalonicenses 5:19), ni entristecerlo (Efesios 4:30). *La vida crucificada es la vida llena del Espíritu*. No podemos tener una sin la otra; por eso la tremenda importancia de obedecer por fe los pasos de la victoria dados en Romanos 6:6, 11-14. Bajo esta condición: *"Si por el Espíritu hacéis morir las obras de la carne, viviréis"* (8:13); el Espíritu ayuda nuestra debilidad.

No es falta de fe decir con un corazón sumiso: "Que se haga la voluntad de Dios". No se dice de manera fatalista sino dejando en manos de Dios el resultado, sea lo que fuere. Pablo pidió tres veces que se le quitase ese aguijón de Satanás. Pero Dios tenía algo más importante para hacer en la vida de Pablo, tratar con el presente orgullo por las revelaciones dadas. Pablo la aceptó dirigido por el Espíritu que evaluó su petición según la bendita voluntad de Dios. *"Bástate mi gracia; porque mi poder se perfecciona en la debilidad. Por tanto, de buena gana me gloriaré más bien en mis debilidades, para que repose sobre mí el poder de Cristo"* (2 Corintios 12:8, 9).

Capítulo 25

La cumbre de la obra del Espíritu Santo en el creyente
Romanos 8:28-30

No cabe duda de que estos últimos 12 versículos son como el Monte Everest, la montaña más alta del mundo. Pablo escala las alturas sublimes que establecen que ya somos verdaderos hijos de Dios. Ahora estamos en plena posesión de todos los derechos y los privilegios que nos acreditan como herederos de Dios y coherederos con Cristo (8:17). Esta verdad está infinitamente más allá de nuestra comprensión.

Pablo, sin embargo, incluye como parte íntegra de esa posición los padecimientos de Cristo. Entramos en el corazón mismo de Dios quien sufrió la muerte de su amado hijo por nosotros. Fue el acto de sublime amor a costo infinito para favorecernos a los que merecíamos la muerte.

El contexto anticipa la restauración de la misma creación combinado este hecho con la glorificación final de los hijos de Dios. Entre tanto, *"sabemos que toda la creación gime a una, y a una está con dolores de parto hasta ahora"* (v.22). El hijo de Dios gime también pero **en plena esperanza** de la finalidad de la glorificación nuestra.

Entretanto, el Espíritu, que mora en el creyente, nos ayuda en nuestras debilidades intercediendo por nosotros y facilitando una vida actual de victoria.

Cinco verdades maravillosas que sostienen la *esperanza* del creyente - Romanos 8:28

Quizá este versículo es el más citado del Nuevo Testamento. El contexto de los versos anteriores expresa, precisamente, la confianza del glorioso futuro que acompaña nuestra paciencia: *"con paciencia lo aguardamos"* (v.25). Podemos ver la infraestructura de nuestra fe en la voluntad soberana de Dios. Romanos 8:28 nos sostiene en todo momento en medio de nuestros gemidos. Nuestro texto afirma:

1.) Sabemos que **Dios obra**.[7] El verbo "saber" define lo percibido bajo la seguridad del carácter fiel de Dios y atestiguado todo por el Espíritu. No es cuestión de sentimientos pasajeros sino la verdad firme. Dios y su plan eterno trazado en nuestro contexto nos muestra que él mismo es tanto el autor como el ejecutor. Tiene su mano en el timón de nuestro barco. Esta realidad es el ancla de nuestra fe.

2.) Dios obra **para nuestro bien.** Él, nuestro Padre, que mostró su amor al dar a su hijo, ahora nos garantiza que sólo busca y promueve nuestro bien espiritual. No puede haber otra motivación ni resultado. El bien es el verdadero bien nuestro como él lo ve. Ya sea por vida o por muerte Cristo es glorificado.

3) **Todas las cosas** ayudan a bien. Cuando dice "todas las cosas" no puede haber ninguna excepción. A pesar de lo que nos parezca el sufrimiento, la prueba, la finalidad de Dios es buscar nuestro bienestar ante él. Toda situación que toca la vida de sus hijos viene con su permiso o aprobación, sea positiva o negativa a nuestro parecer. El resultado es el bien, sin excepción alguna. Es cuestión de tener paciencia y creer en el último análisis de la voluntad de Dios.

---

[7] John Stott, Romans: God's Good News for the World (Downers Grove: Intervarsity Press), 1994, pp. 246-260. (Un análisis excelente de estos versículos)

4.) A los que aman a Dios. Pablo introduce la única condición, no como factor limitante sino algo que es tomado por sentado. Habiendo sido nosotros los objetos de su gran amor, como resultado debemos amarlo como él se lo merece. *"Nosotros le amamos a él, porque él nos amó primero"* (1 Juan 4:19). En Romanos Pablo enfatiza más el amor de Dios para con nosotros, pero tal amor divino hace brotar en nosotros el amor para con nuestro Padre celestial.

5.) A los que conforme a su propósito son llamados. Esta última frase subraya el plan eterno que Dios lanzó al enviar a su Hijo y al habernos escogido antes de la fundación del mundo (Efesios 1:4). Esta verdad da razón a la vida cristiana. Nuestras vidas van formando un patrón eterno que glorifica a Dios y ministra siempre a nuestro bien espiritual. ¡Qué consolación para nosotros y qué propósito en medio del andar por fe! Pablo lo dice bien: *"Yo pues, preso en el Señor, os ruego que andéis como es digno de la vocación con que fuisteis llamados, con toda humildad y mansedumbre, soportándoos con paciencia los unos a los otros en amor..."* (Efesios 4:1, 2).

Quisiera dar un testimonio personal. Cuando llegamos de Canadá en 1954, en el primer año di clases en el Instituto Bíblico en inglés. Se clausuró en 1955 el Instituto en inglés y se inauguró la Escuela misionera de español. Con gusto entré en el aprendizaje del idioma y di la clase en inglés de Vida Espiritual en 1955 a los 13 misioneros neófitos. En 1957 me dieron mi primera clase en español, Geografía Bíblica y más clases en 1958. Estaba bien a gusto y animado.

De golpe ese año, en la providencia de Dios, supe de que tenía un tumor serio en la tiroides que afectaba mi voz. El especialista en medicina interna me palpó el cuello y dijo: "No sabemos qué tan seria es su condición. Pero según el tamaño del tumor puede tener 6 meses de vida". ¡Qué golpe tan fuerte! El cirujano dijo: "Sólo lo sabremos todo después de operarle".

El especialista le había dicho a mi esposa: "Si la intervención llega a durar tres o cuatro horas, tendríamos que quitarle las cuerdas vocales; si es de una hora y media, no". ¿Cuánto vale un profesor sin las cuerdas vocales? En ese tiempo mi esposa estaba embarazada de nuestra última hija. Yo pensaba: "no la voy a poder ver".

Por quince días estuve esperando la intervención quirúrgica. Durante esos días, ¿qué verdad me sostenía? Acababa de llegar a esta parte de Texas y estaba apenas empezado mi ministerio. Había sufrido de polio a la edad de 16 años y sobreviví, pero siempre con problemas de la voz. Ahora, Señor, ¿qué me espera?

Pero fue la verdad de Romanos 8:28 la que me dio la paz. Razonaba de esa manera "Señor, si tu voluntad es 'buena, agradable y perfecta'; no me puedes hacer ninguna cosa mala; tiene que ser buena tu voluntad, si vivo o si muero. Por la fe acepto tu voluntad".

En la providencia de Dios, el tumor fue benigno. Pude volver a seguir aun con una voz nasal y problemas, pero todo lo he vencido por la misericordia de Dios. En esa voluntad de Dios "buena, agradable y perfecta" Dios me dio 58 años en el salón de clase. Sí que Romanos 8:28 es nuestra ancla de fe.

Cinco proposiciones teológicas sin duda alguna - Romanos 8:29, 30

Lo que sigue en estos dos versículos es un compendio de doctrinas más allá de nuestra finita comprensión, pero, de todos modos, más ciertas que el levantar del sol. El mismo trono de Dios está fundado en estas verdades. Los teólogos por los siglos han tratado de sondear sus profundidades, pero el texto nos las afirma sin duda alguna. Lo interesante es que en cada caso del verbo viene en el aoristo, o el tiempo pasado, refiriéndose a lo que fue hecho y es irrepetible.

Éste has sido el plan de Dios; todo tomó lugar en los concilios eternos de Dios antes que naciéramos. *"Bendito sea el Dios y Padre de nuestro Señor Jesucristo, que os bendijo con toda bendición espiritual en los lugares celestiales en Cristo, según nos escogió en él antes de la fundación del mundo, para que **fuésemos santos y sin mancha delante de él**, en amor habiéndonos predestinados para ser adoptados hijos suyos por el Señor Jesucristo, según el puro afecto de su voluntad, para la alabanza de la gloria de su gracia"* (Efesios 1:3-5).

1.) **"Porque a los que antes conoció"**. La presciencia de Dios es un atributo que pertenece sólo a Dios. Esa ciencia que es la consecuencia de la misma decisión de su voluntad, lo que él ordena. Pero esa decisión es un acto de su amor, no de ningún capricho. Un buen ejemplo es el escogimiento de Israel como su tesoro especial.[8] En Deuteronomio 7:6-8, la Biblia dice: *"Porque tú eres pueblo santo para Jehová tu Dios: Jehová te ha escogido para serle un pueblo especial, más que todos los pueblos que están sobre la tierra... pues vosotros erais el más insignificante de todos los pueblos; sino **por cuanto Jehová os amó**, y quiso guardar el juramento que juró a vuestros padres"*. El amor de Jehová le condujo a escoger a Israel. Éste es el mismo principio en el Nuevo Testamento en cuanto a la salvación de nosotros, los hijos de Dios. **Fue primero el acto de su amor y luego el escogimiento.** ¡Cómo esta verdad cambia nuestro concepto de nuestro Dios!

2.) *"**También los predestinó** para que fuesen hechos conforme a la imagen de su Hijo, para que él sea el primogénito entre muchos hermanos.* Aquí Pablo enseña claramente la doctrina bíblica de la predestinación o la elección. Según nuestro intelecto, podemos tener problemas para entender la elección, pero para nuestro corazón no hay dificultad alguna. La salvación es ciento por ciento el acto de Dios. Jesús mismo lo afirmó en un solo versículo sin tratar

---

[8] Ibid, p.244.

de explicarnos el por qué de la verdad. *"Todo lo que el Padre me da, vendrá a mí; y al que a mí viene, no le echo fuera"* (Juan 6:37). Sólo venimos siendo atraídos por la Palabra de Dios por medio del Espíritu Santo. Nuestra fe no tiene mérito alguno. Sólo recibimos lo ofrecido en la misericordia de Dios.

Pero lo que sigue debe captar nuestra atención. No somos salvos para nuestra felicidad, ni sólo para recibir el perdón y la seguridad del futuro en el cielo. Dejamos esa impresión en mucho de nuestro evangelismo. La única razón por la que somos salvos es para que seamos más y más como Cristo Jesús. Nos salva para conformarnos a su amado Hijo. Hay muchas bendiciones que vienen a la vez, pero la razón principal es que dejemos de ser orgullosos, egoístas y exitosos, para que así seamos santos, humildes y ejemplos de Cristo morando en nosotros.

Esta transformación empieza con la profunda realización en fe de que no estamos en el Primer Adán sino en el Postrer Adán, muertos a la vieja naturaleza y vivos para Dios en Cristo Jesús. Vuelvo otra vez, como siempre, a nuestro nuevo punto de partida, unidos a Cristo en muerte con él en aquella cruz, y en unión con Cristo resucitado al ser morada del Espíritu Santo.

Pablo lo ha establecido más allá de duda en Romanos 6:1-14. Ya morí a mi viejo "yo" y vivo en él, contándome muerto y vivo en Cristo Jesús. Nunca me canso de volver al verdadero punto de partida. Esta verdad no se oye. Al contrario hablamos mucho del control del Espíritu, no sabiendo bíblicamente que el mismo Espíritu no nos puede controlar cuando la carne reina con sus matices tan sutiles. Primero es necesario un quebrantamiento e identificación con Cristo al pie de la Cruz y, entonces, el Espíritu hará su obra de manifestar a Jesús en nosotros. **La vida crucificada es la vida llena del Espíritu Santo.**

En esta frase *"hechos conforme a la imagen de su Hijo para que él sea el primogénito entre muchos hermanos"* oímos este eco en Hebreos que Cristo es nuestro hermano mayor. *"Porque convenía a aquel* (Dios) *por cuya causa son todas las cosas, y por quien todas las cosas subsisten, que habiendo de llevar muchos hijos a la gloria, perfeccionase por aflicciones al autor de la salvación de ellos. Porque el que santifica y los que son santificados, de uno son todos; por lo cual no se avergüenza de **llamarlos hermanos**"* (Hebreos 2:10, 11). Debe haber una profunda semejanza entre los hermanos. Identificados con el Crucificado y hechos semejantes a él. Éste es el glorioso destino de aquellos que han sido amados y predestinados para esta finalidad de la santidad y humildad.

3.) **"A éstos también llamó"**. Pablo sigue la secuencia histórica. Se ha llamado el llamamiento efectivo, ese encuentro con Cristo como el salvador personal. Cada creyente tiene ese momento histórico en que renace por el Espíritu Santo. Puede acercarse en mil experiencias subjetivas, pero es una realidad única, indispensable y transformadora.

4.) **"A los que llamó, a éstos también justificó"**. Sigue la próxima gracia de Dios en justificar al *"impío que cree"*. Pablo ya definió la doctrina básica de la salvación en Romanos 3:21-4:25. Sin embargo, la quinta esencia de la justificación se encuentra en seis versículos 3: 21-26. El corazón de la doctrina es: *"A quien Dios puso como propiciación por medio de la fe en su sangre, para manifestar su justicia, a causa de haber pasado por alto, en su paciencia, los pecados pasados"* (v.25).

Por unos cuarenta años di la clase de Teología III, la salvación. He puesto esta descripción mía: "La justificación es el acto divino por el cual Dios, Juez Justo, declara justo al *"impío que cree"* en la redención por medio de Jesucristo. Lo declara justo con base en la muerte expiatoria de Cristo, perdonándole todos sus pecados y restaurándole a todos los privilegios de los hijos de Dios". Pablo lo expresa mejor: *"Porque nadie puede poner otro fundamento que el que está puesto, el cual es Jesucristo"* (1 Corintios 3:11).

5.) **"A éstos también glorificó"**. Lo que nos llama la atención es el tiempo del verbo: el aoristo o tiempo pasado e irrepetible. Claro que las frases anteriores eran del tiempo pasado, pero el argumento de Romanos 8 es que la glorificación **en esperanza** es todavía futura. Pero en la economía de Dios ya tomó lugar en aquella cruz. Tan ubicuo y omnipotente es Dios que lo declara ya hecho. Tan inconmovible y segura es la finalización que ya pasó en el "fiat" o el decreto de Dios. ¡Qué seguridad nos da! La obra de la cruz en realidad tomó lugar cuando Jesús dijo desde la cruz: **CONSUMADO ES** (Juan 19:30).

Se puede preguntar: ¿por qué no hay mención de la santificación entre la justificación y la glorificación? La santificación es la extensión de la justificación/regeneración de tal manera que se toma por sentada como parte de la misma justificación. La obra de la Cruz tomó lugar en el decreto de Dios, basándolo todo en la muerte y la resurrección de Cristo.

Pablo subraya este propósito eterno: *"Por tanto, acordaos de que en otro tiempo vosotros, los gentiles en cuanto a la carne, erais llamados incircuncisión por la llamada circuncisión hecha con mano en la carne. En aquel tiempo estabais sin Cristo, alejados de la ciudadanía de Israel y ajenos a los pactos de la promesa, sin esperanza y sin Dios en el mundo.* **Pero ahora en Cristo Jesús,** *vosotros que en otro tiempo estabais lejos, habéis sido hechos cercanos por* **la sangre de Cristo.** *Porque él es nuestra paz, que de ambos pueblos hizo uno, derribando la pared intermedia de separación, aboliendo en su carne las enemistades, la ley de los mandamientos expresados en ordenanzas, para crear en sí mismo de los dos un solo y nuevo hombre, haciendo la paz, y* **mediante la cruz reconciliar con Dios ambos** *en un solo cuerpo, matando en ella las enemistades. Y vino a anunció las buenas nuevas de paz a vosotros que estabais lejos, y a los que estaban cerca; porque por medio de él los unos y los otros tenemos* **entrada por un mismo Espíritu al Padre"** (Efesios 2:11-18). Desde la cruz, ahora entendemos las glorias de Romanos 8.

No hay mejor manera de resumir el plan eterno que reunir en Cristo a los dos pueblos. En el Antiguo Testamento, Dios escogió el remanente santo de Israel por medio del Pacto Abrahámico y el Pacto Davídico. Después de la Cruz, Dios inauguró en el Día de Pentecostés la Iglesia de Cristo: gentiles y judíos, por medio del Mensaje de la Cruz. Unió a los dos en Cristo por medio de la Cruz, la obra magistral de Dios.

Capítulo 26

"Más que vencedores por medio de aquel que nos amó"
Romanos 8:31-39

Pablo está a punto de terminar esta sección magistral de Romanos 1-8. Este capítulo es como el Monte Pisga (Deuteronomio 34:1), desde el cual el apóstol a los gentiles ve la Tierra Prometida: la glorificación de los hijos de Dios y la nueva tierra y el nuevo cielo. En Romanos 1-8, Pablo ha trazado el incomparable plan de Dios que desde la eternidad pasada hasta la eternidad futura ha delineado la condenación del pecador y la iniciativa de Dios trino al enviar a su amado Hijo. Pablo revela la respuesta al gran cómo. ¿Cómo Dios pudo declarar justo al *"impío de cree"*? ¿Cómo pudo hacerlo con base en la muerte vicaria de su hijo y a la vez mantener intachable su trono de santidad y justicia? Lo hizo por su propia cuenta pero a costo personal e infinito. El camino de Dios trasciende nuestra pobre comprensión, pero en amor nos escogió, nos llamó, nos justificó y nos glorificó.

Por medio de cinco verdades maravillosas (8:28) y cinco proposiciones teológicas (8:29, 30), podemos contemplar nuestra herencia como hijos de Dios. Romanos 8 es el capítulo por excelencia del Espíritu Santo, con unas veinte referencias al ministerio que desarrolla a nuestro favor. Todo esto nos exhorta a tener buen ánimo y a mantenernos constantes en nuestra fe. Pero queda aún más por concluir en un vuelo final de éxtasis espiritual.

Cinco preguntas que nos dejan pasmados

Parece que a Pablo le cuestan las palabras para expresar la certidumbre de lo que sigue. Hasta ahora en Romanos con una gran calma y serenidad ha trazado el plan de Dios. Ahora no puede más que exclamar en pleno júbilo.

1.) **"¿Qué, pues, diremos a esto?".** La conjunción "pues" no es una palabra sin valor que llena el espacio sino que en la lógica quiere decir: con base en lo establecido antes, hay consecuencias futuras aun más grandes. Y, además, toma en cuenta todo lo anterior del capítulo ocho para que el oyente capte el tremendo impacto de la obra de la Cruz.

Es un asunto de interpretación el que nos lleva a preguntarnos cómo se toman estas cinco preguntas retóricas. Pero puede haber una serie de preguntas o preguntas y respuestas. Responde Pablo: *"Si Dios es por nosotros, ¿quién contra nosotros?"* (8:31). Ya que Dios es por nosotros, la respuesta es rotundamente a favor nuestro. No deberíamos ni siquiera hacernos la pregunta.

En Cades-barnea antes de poder entrar en la Tierra Prometida, Israel estaba en una especie de "y griega": entrar en ella de una vez por fe o rebelarse. Diez espías dijeron fuertemente que no, los pretextos que pusieron fueron que las ciudades eran amuralladas, la gente era más poderosa y así sucesivamente aparecieron más excusas.

Pero Caleb y Josué, con otro espíritu, dijeron: **"Si Jehová se agradare de nosotros,** *él nos llevará a esta tierra, y nos la entregará; tierra que fluye leche y miel. Por tanto, no seáis rebeldes contra Jehová, ni temáis al pueblo de esta tierra; porque nosotros los comeremos, como pan; su amparo se ha apartado de ellos, y* **con nosotros está Jehová;** *no los temáis"* (Números 14: 8-9; Deuteronomio 1; 19-40). Éste es el espíritu de la primera pregunta.

2.) **"¿Cómo no nos dará también con él todas las cosas?".** Esta vez el razonamiento divino viene antes de la pregunta. La lógica es irresistible. *"El que no escatimó ni a su propio Hijo, sino que lo* entregó por todos nosotros, ¿cómo no nos dará también con él todas las cosas?" (v.32). ¡Qué argumento tan convincente! Es inconcebible creer que si Dios vació el cielo por nosotros, por decirlo así, no nos va a dejar solos en el momento crítico de nuestra jornada.

Contemplemos por un momento estas palabras: "El cual, siendo en forma de Dios, no estimó el ser igual a Dios como cosa a que aferrarse, sino que se despojó a sí mismo, tomando forma de siervo, hecho semejante a los hombres; y estando en la condición de hombre, se humilló a sí mismo, haciéndose obediente hasta la muerte, y muerte de cruz. Por lo cual Dios también le exaltó hasta lo sumo, y le dio un nombre que es sobre todo nombre, para que en el nombre de Jesús se doble toda rodilla... y toda lengua confiese que Jesucristo es el Señor, para gloria de Dios Padre" (Filipenses 2:6-11).

Pablo subraya la gloriosa verdad de que si Dios nos dio a su hijo, ¿podría haber en él tal mezquindad para no poner a nuestra disposición todo lo que nos falte? Los recursos celestiales son nuestros en todo momento de prueba. Es cuestión sólo de aprovecharnos de ellos.

3.) "¿Quién acusará a los escogidos de Dios?". La respuesta es sucinta y categórica. "Dios es el que justifica" (v.33). Esta pregunta no necesita comentario por parte de Pablo. Sería como si hubiese hablado la Corte Suprema dando el "fiat" o decreto y alguien de poco valor se hubiera quejado. Es preciso aceptar el veredicto de arriba. Nadie puede ponernos en duda ante Dios. Ahora él nos ve de la misma manera como ve a su propio amado hijo.

Contempla esta introducción: "Dios, habiendo hablado muchas veces y de muchas maneras en otro tiempo a los padres por los profetas, en estos postreros días nos habló por Hijo (en el original no hay artículo. Habló por la esencia de hijo), a quien constituyó heredero de todo, y por quien asimismo hizo el universo; el cual siendo el resplandor de su gloria y la imagen misma de sustancia, y quien *sustenta todos las cosas con la palabra de su poder,* **habiendo efectuado la purificación de nuestros pecados** *por medio de sí mismo, se sentó a la diestra de la Majestad en las alturas"* (Hebreos 1:1-3). El hijo eterno del Juez es nuestro defensor y pone a nuestra cuenta sus méritos eternos.

Quizás aquí podamos sugerir una referencia indirecta a Satanás, sin darle el honor de ser mencionado aun de paso en este glorioso capítulo. *"Entonces oí una gran voz en el cielo, que decía: Ahora ha venido la salvación, el poder, y el reino de nuestro Dios, y la autoridad de su Cristo; porque ha sido lanzado fuera el* **acusador de nuestros hermanos,** *el que los acusaba delante de nuestro Dios día y noche. Y ellos le han vencido por medio de la sangre del Cordero y de la palabra del testimonio de ellos, y menospreciaron sus vidas hasta la muerte"* (Apocalipsis 12:10,11).

El Mensaje de la Cruz es nuestra armadura completa; quedamos protegidos por la sangre de Cristo y la aplicación de vida crucificada: *"Porque habéis muerto, y vuestra vida está escondida con Cristo en Dios"* (Colosenses 3:3).

4.) **"¿Quién es el que condenará?"**. Hay cierto progreso en el pensamiento. Uno puede acusar a otro sin base alguna, pero el que condena tiene el derecho de mantener su condena. Pablo responde con una amplia defensa doctrinal: *"Cristo es el que murió; más aun, el que también resucitó, el que además está a la diestra de Dios, el que también intercede por nosotros"* (v.34). Aquí tenemos en forma concisa la centralidad de la persona y la obra de Cristo. Esta defensa basta para callar para siempre cualquier condenación de parte del diablo, el mundo o la conciencia.

Frente a cualquier condenación bastan las cuatro etapas del Mensaje de la Cruz, como se pueden ver a continuación:

a.) **"Cristo es el que murió".** En la muerte vicaria de Jesús él tomó nuestro lugar, él fue nuestro substituto puesto como nuestra propiciación por Dios. Además **su muerte nos era representativa y judicial,** es decir, participamos vitalmente en aquella muerte de tal manera que Dios juzgó definitivamente la naturaleza vieja para que no reinase en el creyente. Ese aspecto de la muerte de Cristo es la parte íntegra de la nueva libertad del creyente, librándolo de toda clase de condenación. Claro que la muerte vicaria es única y singular y merece la frecuente atención dada a ello; es el enfoque de la justificación. Pero la omisión de la valiosa verdad de nuestra muerte con Cristo es la causa de mucha derrota y fracaso como creyentes. Nuestra identificación y nuestra participación en su muerte es el enfoque de la santificación. Romanos 6:1-14 se dedica a esta verdad complementaria. **La carga de mi corazón es precisamente hacerte conocer ese aspecto subjetivo que acompaña el aspecto objetivo de la justificación.**

b.) **"Más aun, el que también resucitó"**. La resurrección de Cristo es el sello público de la plena aceptación por Dios mismo de la obra de la Cruz. Los lazos de la muerte no pudieron encerrarlo.

Cristo la tumba venció, y con gran poder resucitó;
De sepulcro y muerte Cristo es vencedor, vive para siempre
nuestro Salvador;
¡Gloria a Dios! ¡Gloria de Dios! El Señor resucitó.
(Robert Lowry, 1874; trad. G. P. Simmonds)

Es imposible exagerar la importancia de la resurrección que lleva para siempre el imprimátur de Dios Padre. Era la nota triunfante de la iglesia primitiva y la fuente de su gozo y constancia.

c.) **"El que además está a la diestra de Dios"**. La ascensión de Cristo es el zenit de la obra de la Cruz; su importancia se ve en el Día de Pentecostés cuando Cristo bautizó con el Espíritu Santo a los 120 reunidos en al aposento alto, según la promesa del Padre. La venida del Espíritu fue un bautismo irrepetible con el que Dios inauguró la Iglesia, el Cuerpo de Cristo. De manera sin igual el

Espíritu mora en la Iglesia como su cuerpo místico. El Espíritu nos abre nuevos horizontes en los cuales ahora nos corresponde andar. d.) **"El que también intercede por nosotros"**. El ministerio actual de Jesús, un ministerio eficaz, se lleva a cabo ante su Padre presentándole el valor de su sangre y los méritos de su persona y muerte única. De esta manera, se presenta a sí mismo ante el Padre día y noche. Éste es el glorioso mensaje del libro a los Hebreos. Nuestro sumo sacerdote aparece ante su Padre como nuestro abogado, nuestro "hermano mayor".

Hebreos es un libro con un énfasis especial en este tema, la intercesión de Jesús. Vale la pena oír su mensaje: *"Pero Cristo, habiendo ofrecido una vez para siempre un solo sacrificio por los pecados, se ha sentado a la diestra de Dios, de ahí en adelante esperando hasta que sus enemigos sean puestos por estrado de sus pies; porque con una sola ofrenda hizo perfectos para siempre a los santificados. Y nos atestigua lo mismo el Espíritu Santo"* (Hebreos 10:12-15).

5.) **"¿Quién nos separará del amor de Cristo?"**. Llegamos a la quinta pregunta retórica. Pabló ahora agota la fuerza de su lengua al sugerir que semejante cosa o persona pudiera separarnos del amor de Dios. No hay nada que nos pueda separar, pero sugiere lo peor que se puede imaginar. Con una serie de 7 cosas pésimas sigue lo negativo: *¿Tribulación, o angustia, o persecución, o hambre, o desnudez, o peligro, o espada? Como está escrito; Por causa de ti somos muertos todo el tiempo; somos contados como ovejas de matadero"* (vv.35, 36; Salmo 44:22).

El colmo del argumento: *"antes, en todas esta cosas, somos más que vencedores"* - Romanos 8:37

Pablo ya está listo para sacar su conclusión de esta sección y la de la larga trayectoria desde la condenación hasta la glorificación. *"Antes, en todas estas cosas, somos más que vencedores por **medio** *de aquel que nos amó"* (v.37). Ésta es la palabra final; Pablo sugiere que aún si todas estas cosas negativas pasaran, nunca podrían derrotarnos. Nuestra victoria en Cristo no depende de las circunstancias, ni favorables ni desfavorables.

Pero queda otra verdad implícita muy importante. El texto agrega *"por medio de aquel que nos amó".* Sería muy fácil pasar por alto esta frase, atribuyéndola al gran amor de Dios sólo en términos generales de haber enviado a su hijo al mundo. Ese gran amor sí que es una gloriosa verdad. El versículo clave viene a la mente: *"Porque de tal manera amó Dios al mundo, que ha dado a su Hijo unigénito, para que todo aquel que en él cree, no se pierda, mas tenga vida eterna"* (Juan 3:16).

Pero hay mucho más acerca de lo que Pablo quiere destacar en el amor de Dios para con el creyente en Cristo. En su gran amor juzgó de una vez la naturaleza humana, la gran barrera de la obra del Espíritu Santo. De esta manera canceló el poder de esa naturaleza (Romanos 6:6).

Las dos grandes verdades en el evangelio que se complementan en la vida del creyente

Considero que estas dos verdades se deben tomar muy en cuenta porque proveen la verdadera base de la vida victoriosa. Empieza con la justificación y nos lleva a la santificación en unión con Cristo.

1. Jesús, mi substituto, murió en mi lugar; es Cristo por mí. Ésta es la base de mi justificación, mi posición firme y segura ante el Juez divino. Este mensaje se oye muchísimo a través de América Latina y con buena razón. **Pero puede ser un evangelio truncado, si es lo único que se oye y se predica.** Si no se incluye el Mensaje de la Cruz, quedamos con nuestras mejores fuerzas tratando de imitar a Cristo. Eso nos lleva a una profunda frustración como en el caso de Pablo en Romanos 7:7-25. La vida cristiana no se puede llevar en la energía de la carne, aun con las mejores intenciones.

2. La otra verdad es de igual manera clave e importante: **Cristo en mí y yo en él.** Es la verdad de la que Jesús habló en el aposento alto: *"Yo soy la vid verdadera, y mi Padre es el labrador... Permaneced en mí, y yo en vosotros. Como el pámpano no puede llevar fruto por sí mismo, si no permanece en la vid, así tampoco vosotros, si no permanecéis en mí. Yo soy la vid, vosotros los pámpanos; el que permanece en mí, y yo en él, éste lleva mucho fruto; porque separados de mí nada podéis hacer"* (Juan 15:1, 4, 5). El creyente goza de una relación orgánica y espiritual con Cristo. Cristo mora en el creyente y sólo a él le toca permanecer en esta unión con Cristo; **es un verdadero injerto.**

Pablo usa otra figura para expresar esta misma verdad, nuestra muerte con Cristo en la Cruz. Yo estoy muerto en él en su "muerte al pecado" (Romanos 6:10); *conociendo esto, he sido co crucificado* con él, para que el pecado sea cancelado, su poder queda rendido, nulo en mí, para que no sirva más al pecado (paráfrasis de Romanos 6:6). En esa muerte judicial Dios juzgó de una vez mi naturaleza pecaminosa y rompió su dominio sobre mí. Desde este nuevo punto de partida el creyente anda en fe y confianza.

Otro matiz del amor de Dios: el Mensaje de la Cruz

Para comprobar este segundo aspecto de nuestra unión con Cristo, Pablo se refiere a esta misma verdad: *"Por medio de aquel que nos amó"*. El apóstol dio su propio testimonio ante Pedro y los hermanos de Antioquía en ese famosos choque. Este aspecto tuvo en Pablo un tremendo impacto. *"Con Cristo he sido co crucificado* (tiempo presente perfecto en el original más acertado) *y ya no vivo yo, mas vive Cristo en mí; y lo que ahora vivo en la carne, lo vivo en la fe del Hijo de Dios, **el cual me amó y se entregó a sí mismo por mí"**.*

En el primer verbo de Gálatas 2:20 Pablo usa el tiempo presente perfecto: "He sido co crucificado. Este tiempo se remonta a un evento clave pero pasado, pero que **cuyo impacto sigue hasta el presente momento**. Tal fue nuestra muerte judicial con Cristo en la Cruz, evento no repetible.

En los últimos verbos del versículo 20 usa el aoristo, el tiempo pasado, para indicar cuando sufrió esta muerte; fue precisamente en la Cruz hace años atrás. Dios le reveló allí su gran amor en el que Pablo murió espiritualmente en Cristo en esa muerte al pecado. Ahora vive con él en plena unión. De manera que muerto de una vez y resucitado, Cristo lleva su vida en él. No se puede agregar nada ni quitar nada de la eficacia de esa muerte. Nuestros esfuerzos no dan ningún resultado.

Tal es la posición de cada creyente. Pablo da el consejo al creyente de Gálatas al decir que debe contarse muerto y vivo (Romanos 6:11-14) y *"hacer morir las obras de la carne"* (Romanos 8:13): *"Pero los que son de Cristo, han crucificado la carne con sus pasiones y deseos"* (Gálatas 5:24).

El creyente parte de tal muerte y la mantiene por fe por medio del Espíritu Santo. Es algo ya hecho y sólo le toca al creyente aceptarlo y gozarse de la victoria. No depende de nuestros esfuerzos sino de lo que Dios hizo en la Cruz de una vez. Debemos tomar nota de que el hecho de ser más que vencedores es el resultado preciso de esta unión e íntima relación con su muerte. En breve, es el gozo de la vida crucificada y resucitada en el poder del Espíritu.

El Dr. Huegel, mi mentor, solía decir: "Esta verdad gloriosa de nuestra muerte con Cristo al pecado es la cuerda perdida en la sinfonía de la vida cristiana". Casi no se oye. Por eso mi carga personal es que sea descubierta de nuevo. Esta verdad cambió el rumbo de mi vida y ministerio. Con Cristo estoy juntamente crucificado. Hay gozo y libertad en llevar una vida crucificada, lo cual de paso permite el libre acceso al poder del Espíritu Santo. *La vida crucificada es la vida llena del Espíritu Santo.*

Al terminar su carta apasionada a los Gálatas, Pablo escribió con su propia mano en letras grandes: *"Pero lejos esté de mí gloriarme, sino en la cruz de nuestro Señor Jesucristo, por quien el mundo me es crucificado a mí, y yo al mundo. Porque en Cristo Jesús ni la circuncisión vale nada, ni la incircuncisión, sino una nueva creación"* (Gálatas 6:11, 14, 15).

La última palabra segurísima - Romanos 8:39

Pablo pone fin a esta larga sección de Romanos 1-8 con la elocuencia que no permite ningún comentario: *"Por lo cual, estoy seguro de que ni la muerte, ni la vida, ni ángeles, ni principados, ni potestades, ni lo presente, ni lo porvenir, ni lo alto, ni lo profundo, ni ninguna otra cosa creada nos podrá separar del amor de Dios, que es en Cristo Jesús Señor nuestro"* (vv.38, 39).

Romanos ocho empezó con ningún tipo de condenación y termina con ninguna separación del amor de Dios. Debe resonar en nuestro corazón la verdad sublime del amor de Dios. Ese atributo fundamental de la persona de Dios interactuó con su santidad/justicia y por la iniciativa divina halló la manera a costo infinito de justificar y glorificar al creyente.

Lo hizo el Dios trino sin que el creyente contribuyera con nada menos que la fe que acepta de una vez la pura gracia de Dios. Al fin de cuentas, el creyente queda transformado y Dios mismo glorificado.

La doxología al contemplar la gracia de Dios - Romanos 11:33-36

En los tres capítulos Romanos 9-11, Pablo sondea lo profundo de los propósitos eternos de Dios al escoger a Abraham y a David, su pueblo Israel en el Antiguo Testamento. De esta manera puso el fundamento para el Nuevo Testamento y la obra maestra de su Hijo al morir, resucitar y enviar al Espíritu Santo con la inauguración del Cuerpo de Cristo.

Pablo anticipa la realización final de los caminos de Dios. Bajo la inspiración del Espíritu exclama:

"¡Oh profundidad de las riquezas de la sabiduría y de la ciencia de Dios!

¡Cuán insondables son sus juicios, e inescrutables sus caminos!

Porque ¿quién entendió la mente del Señor? ¿O quién fue su consejero?

¿O quién le dio a él primero, para que le fuese recompensado?

Porque de él, por él, y para él, son todas las cosas.

A él sea la gloria por los siglos. Amén".

Romanos 11: 33-36

NOTAS BIOGRÁFICAS DEL AUTOR

G. Ernesto Johnson nació en Winnipeg, Manitoba, Canadá en 1928 en un hogar evangélico. Su madre, una mujer santa e irlandesa fue su primera mentora espiritual mientras vivía. Sus oraciones le han seguido hasta el día de hoy. Ernesto recibió a Cristo como su salvador personal a la edad de 12 años. Asistió a una preparatoria cristiana, una de las primeras de Canadá, a la edad de de 14 años. Salió con dos primos a Three Hills, un pequeño pueblo lejos en Alberta. Este evento cambió totalmente el rumbo de su vida.

En la primera conferencia misionera en Prairie Bible Institute en septiembre 1942, Ernesto respondió de todo corazón a la invitación de dedicar su vida entera a Dios y a las misiones. Fue una decisión que nunca volvió a renegociar. Su segundo mentor fue el fundador de Prairie Bible Institute, L. E. Maxwell cuyo ejemplo de disciplina cristiana y el Mensaje de la Cruz forjó su vida en su adolescencia.

Los cuatro años de "high school" fueron como un mini-instituto bíblico con una educación académica excelente. A la vez llegó a ser un lector ávido de todas las biografías de los grandes misioneros y autores sobre la vida devocional, tales como, Andrew Murray, A. B. Simpson, F.J. Huegel, Ruth Paxon, Jesse PennLewis, Watchman Nee y los místicos.

Después de graduarse, en 1946, entró en el Instituto Bíblico y se graduó en 1949 con diploma en misiones. Varias agencias misioneras le sugirieron que estudiara más y lograra más experiencia. Entre tanto había conocido a su esposa, Graciela, originaria de Winnipeg. Ella era de la misma iglesia y fue su compañera en la "high school" en Prairie. Contrajeron matrimonio en 1950 terminando sus estudios en otro seminario y graduándose juntos en 1951.

Mientras estudiaba, pastoreaba una iglesia pequeña en Winnipeg, 1949-1954. Fueron aceptados como misioneros por una misión bien conocida para ir al África a enseñar en un instituto bíblico. Pero Dios tenía otros planes mejores. Su esposa falló el examen físico, aunque no estaba enferma. Confrontaron una crisis. "¿Se nos cerró la puerta a las misiones?", pensó Ernesto. A pesar de esto, siguió en el pastorado aunque algo impaciente. Pero Dios sabía que él no estaba preparado para salir. El Señor tuvo que hacer una obra más profunda en su corazón hasta ese momento tan lleno de "orgullo espiritual", orgullo que él ignoraba. Sus logros académicos mostraban algo --cuatro años del mini instituto, 5 años de dos seminarios, tantos libros leídos y un conducto aparentemente dedicado al Señor— pero la verdad es que le faltaba más.

Los primeros años como pastor no dejaron mucho resultado. Ernesto, algo preocupado, pensaba que estos hermanos necesitaban saber acerca de Romanos y su unión con Cristo. Un domingo en el invierno estaba, en parte, regañándolos por no saber tal verdad. Al predicar sobre Romanos 6:6, el Espíritu Santo le dijo claramente: "Ernesto, tú eres hipócrita! No sabes nada de esta verdad". Fue como un relámpago. Se quedó convicto pero sin saber cómo. Pensaba que con tantos libros leídos ya sabía todo sobre ese tema.

Esa noche se arrodilló con su esposa y le dijo al Señor: "*Cuésteme lo que me cueste* tengo que conocer de corazón esta verdad, tan bien sabida teológicamente". Tres meses después recibió la primera invitación para ser conferencista en una iglesia en Minnesota que él conocía bien. El primer domingo en la mañana predicó sobre el ofrecimiento de Isaac, la Entera Consagración. Pero en la tarde el otro conferencista no subió al púlpito. Ernesto, algo criticón, no oyó palabra alguna de su mensaje porque Dios le mostró su carnalidad y "orgullo espiritual". Fue devastador para él. Luego el mismo Espíritu le dijo: "Ponte en pie y diles a todos lo que eres, un hipócrita, orgulloso, derrotado". Ernesto respondió: "Pero, Señor, me van a correr". Pero a pesar de de todo obedeció y pidió la palabra y confesó su propia maldad delante de toda la congregación.

Después de unos minutos no pudo más. Se quedó llorando y humillado. Pero al sentarse, por primera vez se sintió libre de esa gran carga de su mal interior. El Espíritu mismo justo le trajo Romanos 6:6, el mismo texto de antes. Ahora lo vivió en carne propia: "Conociendo esto que Ernesto fue co crucificado con Cristo". Por primera vez conocía que él había sido crucificado con Cristo. Esa semana resultó en un verdadero avivamiento dirigido por los dos conferencistas.

Ese trato duro pero tan necesario con Dios cambió el rumbo de su vida y le dio el mensaje que hace 60 años sigue siendo su carga y su gozo sin pedir disculpas. Sus libros reflejan este tema práctico.

Una experiencia por grande que sea no es permanente. Ahora viene el andar por fe y obediencia; "El justo por la fe vivirá". Ha sido un andar diario profundizando esta co crucifixión y la vida resucitada con Cristo.

Un año después de esta vida nueva, Ernesto dice, sin temor a dudas: "ya no vivo yo mas vive Cristo". Poco después los Johnson supieron del flamante Instituto Bíblico Rio Grande en la frontera de Texas con México. Los dos salieron como Abraham, no sabiendo a dónde pero caminando con Dios en pura fe sin promesa del sustento económico.

Llegaron con dos hijas el 27 de agosto de 1954; en el primer año enseñó la Biblia en el instituto en inglés. Se clausuró el del inglés y dieron principio a la Escuela del idioma español en 1955 para los misioneros que iban rumbo a la América Latina.

Ernesto entró en la primera generación. A pesar de su edad (27 años) y falta de experiencia en el campo misionero, le dieron la clase de Vida espiritual con énfasis en Romanos 1–8. Impartió tal clase desde 1955 hasta el 2000 a más de 3,000 misioneros.

Al ir aprendiendo el español, le dieron a Ernesto unas clases en 1957 y para 1960 dio clases en ambos idiomas y en ambas escuelas. También impartió en español Teología 111, Soteriología, desde los años setenta, profundizando el tema a partir de Romanos 1-8. Dio esta clase a más de 2.500 latinos desde 1966-2009.

En 1957 entró en su vida su tercer mentor espiritual. El fundador del Instituto, M.C. Ehlert invitó al Dr. Federico Huegel, decano de misioneros en México (1920-1970), para que fuera conferencista. Por nueve años, de los once (1957-1968), fue conferencista cinco días en inglés y cinco días en español. Su mensaje se puede resumir en Romanos 6-8, vida nueva en unión con Cristo. El Dr. Huegel dejó máxima huella en el estudiantado y en la vida de Ernesto con quien el Dr. Huegel salía todas las tardes para orar juntos.

Más tarde, cuando Ernesto fue nombrado Decano Académico (1968-1981), seguía enseñando y dirigiendo los dos programas. Después lo nombraron Presidente, cargo que ocupó desde 1981 hasta 1995.

Siendo Decano y luego Presidente, Ernesto invitó al Dr. Juan T. Dale de Tamazunchale, íntimo amigo del Dr. Huegel, como conferencista. Desde 1974 hasta 1992, dio principio al segundo semestre en enero. El tema de la Vida espiritual giraba alrededor de Romanos 6-8 y temas a fines.

Por lo tanto, esta verdad ha sido como una brújula para el actual Seminario Bíblico Rio Grande, su personal y su estudiantado.

Además del ministerio en el aula, Dios le ha dado a Ernesto el privilegio de viajar frecuentemente por 17 países de Latinoamérica, Rusia, Canadá y Estados Unidos desde 1968 hasta 2010. Dios ha bendecido este ministerio bilingüe en el que son entrenados los misioneros y los líderes de las iglesias latinas. Su carga ha sido el mismo Mensaje de la Cruz, a nivel práctico y ministerial.

Bajo el liderazgo del presidente del seminario, Larry Windle, quien llegó en el 2003, se dio comienzo a la Editorial Río Grande que le ha permitido a Ernesto escribir cuatro libros en español, dirigidos a sus ex alumnos y a los líderes de la iglesia latinoamericana.

CPSIA information can be obtained at www.ICGtesting.com
Printed in the USA
LVOW100544290413

331288LV00002B/2/P